中学生"十美德"教育

吴 平 廖万华 / 主编

西南大学出版社

图书在版编目（CIP）数据

中学生"十美德"教育 / 吴平, 廖万华主编. -- 重庆：西南大学出版社, 2022.6
ISBN 978-7-5697-1362-6

Ⅰ. ①中… Ⅱ. ①吴… ②廖… Ⅲ. ①德育－教学研究－中学 Ⅳ. ① G631

中国版本图书馆 CIP 数据核字 (2022) 第 068818 号

中学生"十美德"教育
ZHONGXUESHENG "SHI MEIDE" JIAOYU

主　编　吴　平　廖万华

责任编辑：	时曼卿
责任校对：	雷　刚
装帧设计：	闰江文化
排　　版：	张　艳
出版发行：	西南大学出版社（原西南师范大学出版社）
地　　址：	重庆市北碚区天生路2号
邮　　编：	400715
经　　销：	全国新华书店
印　　刷：	重庆康豪彩印有限公司
幅面尺寸：	185 mm × 260 mm
印　　张：	13.25
字　　数：	235千字
版　　次：	2022年6月　第1版
印　　次：	2022年6月　第1次印刷
书　　号：	ISBN 978-7-5697-1362-6

定　　价： 40.00元

编委会

主 编
吴 平　廖万华

副主编
刘大川　张福洪　鲜小刚　王益乾

前期编写人员
巫正鸿　杨 静　刘大川　张福洪　左 玲　文运涛　程丽华
汪忠莉　何启权　尹建中　彭永龙　陈 静　郝书博　王继东
张国敬　魏 睿　彭亚玲　刘 植　张雪莲　汤智惠　张 玲
王巧灵　吴 红　王宏丽　刘君朝　毕 波　邓大健　张 萍
邓大福　赵祖岚　廖 学　刘正忠　王亚江　余 攀　王肇廷
王益乾　陈 琴

后期编写人员
吴 平　廖万华　刘大川　张福洪　鲜小刚　王益乾

绘 图
邹吟雪

主题班会设计
王 薇　邓棋尹　刘泰兴　杨文琴　罗淞文　左 玲　张潇尹
吴沅原　魏 睿　彭亚玲　孙 飞　李 俊　孙小丽　王宏丽
文运涛　张 萍　谢若冰　陈国家　苟开青　钟 燕

序

中国教育科学研究院　李继星

国无德不兴，家无德不旺，校无德不立，人无德不名。概观古今中外各大国、强国，无不高度重视国民的美德教育。美德，乃各大国、强国文化体系之核心、精髓。

五千载以来，世界范围内，各文明林立，文化体系多元。其中影响最大的文化体系，首推古巴比伦文明，又称两河文明（幼发拉底河和底格里斯河），在西方叫美索不达米亚文明。在其进入高度成熟阶段时，中华文明初露曙光。第二应是古埃及文明。第三和第四曾有名次之争。以前，常把古印度文明排为第三，中华文明排在第四。但是，自20世纪60年代以来，印度的考古发现很少，中国的考古发现却很多并逐渐形成体系，特别是内蒙古赤峰市的红山文化遗存的发掘，使得部分学者认为中国应由第四名上推到第三名。古巴比伦、古埃及、古印度的文明体系，要么被淹没了，要么被消灭或中断了，都没有系统地传下来。今天的伊拉克人不是古巴比伦人的后裔，今天的埃及人不是古埃及人的后裔，今天的印度人不是古印度人的后裔。只有中华文明被系统地、未间断地传了下来：大部分当今中国人都是古中国人的后裔，今天的中华文化也大体上是由古中华文化系统传承、发展、嬗变、改革而成！

中华传统文化的核心思想，用一个词来概括，乃和谐或平衡、中庸、协调，最著名的典籍乃四书五经，系列思想乃"三纲五常"等。三纲已经过时，五常（仁义礼智信）仍熠熠生辉。德，是五常之魂。仁、义、礼、智、信、温、良、恭、俭、让、忠、孝、廉、耻、勇，都是中华传统文化的重要组成部分。重庆市璧山中学校（以下简称璧山中学）按照"剔除糟粕、取其精华"的原则，根据第四时代即知识社会的新要求，以中华民族传统美德为基础，立足新时代立德树人的根本要求，融合社会主义核心价值观及中小学生核心素养，改造、提炼出"礼、忠、学、志、信、孝、善、谦、勤、俭"十种美德，作为道德品质教育的核心内容。我非常赞同学校的这一做法。

自党的十八大以来，党中央高度重视学校的德育工作。2013年12月，中共中央办公厅印发《关于培育和践行社会主义核心价值观的意见》，2017年1月，中共中央办公厅、国务院办公厅印发《关于实施中华优秀传统文化传承发展工程的意见》，2019年8月，中共中央办公厅、国务院办公厅印发《关于深化新时代学校思想政治理论课改革创新的若干意见》，2019年10月，中共中央、国务院印发《新时代公民道德建设实施纲要》，2019年11月，中共中央、国务院印发《新时代爱国主义教育实施纲要》，对弘扬中华传统美德提出了一系列的新要求。

我们认为，兴起于封建社会的传统德育应当向现代法治社会的公民教育转型。中小学的公民教育，是一个庞大的体系。它包含了办学核心理念、学校教育主题、公民教育的理念、目标、原则、内容、途径、组织方式、方法、校本科研、评价、保障等。璧山中学以璞石化璧、厚学如山为核心办学理念，以璧玉教育为学校教育主题，以养高山之品、蕴璧玉之德为公民教育理念（德育理念），全方位建设公民教育体系。同时，又以"十美德"教育为重点，做到了整体建设与重点突破的有机结合。这是一种非常好的工作思路。

在不同的时代和同一时代的不同文化体系中，对于"礼、忠、学、志、信、孝、善、谦、勤、俭"十种美德的解释各不相同。璧山中学以党的相关文件特别是社会主义核心价值观为依据，以深厚的中华文化为底蕴，以未来的知识社会、法治社会、智能化社会、学习型社会、创新型社会、人类命运共同体社会的需求为根本，解说、界定"十美德"的内涵和外延。该项目有助于集中道德品质教育内容，有助于道德品质教育的序列化实施，有助于提升德育效果，有助于提升教师素养，有助于提高学校办学水平，有助于资源共享、共同进步。

学校历时8年，从"十美德"教育课程资源的开发、"十美德"教育氛围的营造，到对初高中学生分层分类分月全面实施"十美德"教育，确保了学生一年接受一遍，6年接受6轮"十美德"教育，循序渐进，螺旋式提升。从以主题班会课为主的主题教育，到以年级为单位的主题教育活动，再延伸到社会实践活动及家校共育，促进了"十美德"教育落地生根。璧山中学自实施该项目以来，较大程度上解决了道德品质教育内容宽泛、无抓手，资源散乱、缺乏层次性、系统性，形式单一、缺乏丰富性、互动性等问题，增强了道德品质教育的实效性。

该项目的创新点也很多：与时俱进，明确了道德品质教育的主要内容；校本课程资源体现了知情意行的统一；校本课程资源具有了层次性；专题教育活动实现了序列化。

今后，学校拟在下列几个方面继续深入开展工作：把"十美德"教育与培养学生核心素养深度融合，把"十美德"教育与新高考改革深度融合，通过"十美德"教育为祖国、为社会培养优秀的建设者和接班人。

我们有充分的理由相信：璧山中学在公民教育中的"十美德"教育，会取得更加辉煌的成就，为传统德育向公民教育转型，为我国的中小学公民教育，提供可借鉴的、鲜活的、实用的、高价值的经验，从而成为我国中小学公民教育方面的一面旗帜！

让我们共同祝福璧山中学：百尺竿头，再上一层楼！

2021 年 5 月 26 日　于北京

前言
PREFACE

刘大川

"国无德不兴，人无德不立。"中华民族历来重视传统美德的培养，尤其是党的十八大以来，频发文件，从各方面保障弘扬中华优秀文化及传统美德落到实处。

一、对美德的认识

"德"一般指德行、品德。"德"字从字形结构上看，是由"心""彳""直"这三个部分组成，"心"表示与心理有关；"彳"表示与人的行为有关；"直"表示"正""不弯曲"，即"正直"之义。综合来看，德与人的思想情感和行为连在一起，且思想情感和行为都要符合"直"的要求，即是"正的"而不是"邪的"。也可以说，德是纯正的思想情感和正直的行为的统一。

朱熹对"德"的解释是："德者，得也。行道而又得于心者也。"从朱熹对"德"的定义来看，"德"，一是指"行道"，即对道的践行；一是指"得于心者"，即心对道有体悟。概言之，德是对道的知与行的统一，既包括对道的体会理解（知），也包括对道的实践（行）。《说文解字》曰："德，外得于人，内得于己也。"从《说文解字》来看，"德"也有两个含义：一是处理好与他人的关系，言行能得到他人的称赞，即"外得于人"而有德。一是端正内心，反省自我，"内得于己"，心有所得，如得到愉悦之情、真诚之心、价值认同等。《说文解字》从人的角度对"德"进行界定，包括自我与他人，通俗易懂，是对形而上的道的具体化。

何谓美德呢？关于美德的定义很多，这里列举几个。有人认为，美德是促进人们做出良好选择的思维习惯、心理习惯和行为习惯。这是从"习惯"上界定美德，包括内与外。有人认为，美德是人的心灵在美的价值指导下形成的普遍性的精神情感品质。这是从"品质"上定义美德，偏于内，体现了价值观。寇东亮认为，美德是代表主体的道德理想在伦理生活中得到比较普遍的尊崇、在一定意义上具有普遍和永恒价值的那些品德。这个定义突破了从个体上的界定，把美德的社会属性引入了定义，"得到比较普遍的尊崇、在一定意义上具有普遍和永恒价值的那些品德"才是美德。宇文利认为，美德是一个民族、国家或社群在对一定时代内形成和秉持的道德品质与行为规范的尊崇，是对符合其根本利益诉求的良性道德内容的美称。这个定义赋予了美德民族性与地域性，延伸了美德的内涵。西方著名伦理学家麦金太尔认为："美德是一种获得性的人类品质，对它的拥有与践行使我们能够获得那些内在于实践的利益，而缺乏这种品质就会严重地妨碍我们获得任何诸如此类的利益。"美德不是天生的，是后天个人理性选择的结果，美德给实践的人带来了利益。

综上所述，美德是"美"与"德"的统一，是一种优秀的品德，是善的，有着规范性、实践性、积极性等特点。它是通过涵养、教化、主动选择而形成的，是处理好人与自然的关系、人与社会的关系、人与人之间关系的道德实践的智慧结晶；是一种积极的人生态度，对社会进步与人的全面发展具有积极的导向、约束、激励等作用，其行为表现为能在具体情境中做出正当、恰当的行为。

二、"十美德"由来

（一）中华传统重要德目

梳理古今重要德目，有《书经》提出的"五典"——父义、母慈、兄友、弟恭、子孝，《论语》提出的"五德"——温良恭俭让，《管子》提出的"四维"——礼义廉耻，孟子提出的"四德"——仁义礼智，董仲舒提出的"五常"——仁义礼智信，朱熹提出的"八德"——孝悌忠信礼义廉耻，孙中山、蔡元培提出的"新八德"——忠孝仁爱信义和平。璧山中学提出践行的十美德——礼、忠、学、志、信、孝、善、谦、勤、俭中，"忠、孝、礼、信"就直接来源于中华传统重要德目。

（二）社会主义核心价值观

习近平总书记指出："核心价值观，其实就是一种德。"国家层面上的核心价值观——富强、民主、文明、和谐，社会层面上的核心价值观——自由、平等、公正、法治，个人层面上的核心价值观——爱国、敬业、诚信、友善，就涵盖了我们平时所说的大德、公德和私德。

"十美德"中，有的直接对应社会主义核心价值观，如"忠、勤、信、善"。其余的则间接反映社会主义核心价值观，如"礼"，与社会主义核心价值观的"文明""平等""和谐"紧密相连。把"十美德"与社会主义核心价值观相联系，旨在于以社会主义核心价值观的主要精神阐释"十美德"的时代新意，并赋予"十美德"现代表达方式。

（三）新时代公民道德建设要求

《新时代公民道德建设实施纲要》提出要弘扬"自强不息、敬业乐群、扶正扬善、扶危济困、见义勇为、孝老爱亲等传统美德"和"以爱国奉献、明礼遵规、勤劳善良、宽厚正直、自强自律为主要内容的个人品德"等。为建设节约型社会，顺应社会主义公民道德建设的要求，"十美德"教育除拥有新时代公民道德建设里要求的"忠、孝、礼、信"等美德外，还把"勤""俭"二美德纳入其中，体现了与时俱进。

（四）当前中学生最需要培养的美德

根据中学生的特点和道德现状，除了上述需培养的"礼、忠、信、孝、美、勤、俭"外，还需重点培养"学""志""谦"三种美德。

中学生主要任务是学习，当好学。学，除了古代所提出的"觉悟""仿效"等义外，还有着深刻的时代内涵。而今，学习力成了人核心的竞争力之一，学习既是手段，也是目的，学习的个性化、科学性、创新性、合作性等成了新的追求。另外，处在多元化的社会，学生更容易被形形色色的观点所迷惑，对善恶的辨析反而难起来，亟须提高学生学识，加强"学"，养成好学的美德。

王阳明曰："志不立，天下无可成之事。"墨子说："志不强者智不达。"王夫之进一步认为："志立则学思从之，故才日益而聪明盛。"这些都说明了立志的重要性。把"志"作为一个美德来践行，就是希望中学生有奋斗目标（志向），在选择职业理想时，把个人理想与国家的发展、社会的需要结合起来，立大志，干大事。

"谦，德之柄也。"（《易经》）"谦受益，满招损。""虚心使人进步，骄傲使人落后。"王阳明《传习录》："谦者众善之基，傲者众恶之魁。"这些都说明了谦德的重要性。养成"谦"德，就是要不盲目自大，不以自我为中心，始终戒骄戒躁。

礼、忠、学、志、信、孝、善、谦、勤、俭十种美德是将中华传统重要德目、社会主义核心价值观、《新时代公民道德建设实施纲要》和当前中学生最需要培养的美德综合分析后提炼出来的，其来源相互联系，不可将之作刻板划分。

三、以"双创"为指导思想，赋予"十美德"新的时代内涵与现代表达方式

众所周知，中华传统道德由于时代的局限性，在发展过程中既有精华，又有糟粕，今天弘扬时需要进行创造性转化与创新性发展（简称"双创"），使之与现代文化、现实生活相融相通。继承和弘扬时，须坚持马克思主义道德观和社会主义核心价值观，在去粗取精、去伪存真的基础上，古为今用、推陈出新，努力实现中华传统美德的创造性转化、创新性发展。也可以这样说，当前大力提倡的社会主义核心价值观就是"双创"的成果。

创造性转化，就是要根据时代特点和要求，对那些至今仍有借鉴价值的美德的内涵和陈旧的表现形式加以改造，赋予其新的时代内涵和现代表达形式，激活其生命力。创新性发展，就是要按照时代的新进步新进展，对中华优秀传统文化的内涵加以补充、拓展和完善，增强其影响力和感召力。"双创"之间既有关联，也有不同。

对传统美德进行"双创"时，既要立足于中华优秀传统文化的核心思想和中华人文精神的深刻内涵，又要与时俱进，并结合中学生特点进行创造性转化。

具体转化时，还须以《中小学德育工作指南》为指导，把理想信念教育、社会主义核心价值观教育、生态文明教育、心理健康教育渗透其中。根据中学生的特点，本书赋予"十美德"的时代内涵有：健全人格，完善人性；倡导理性，讲求科学；平等自主，尊重女性；文明法治，友善诚信；担当有为，激发潜能；自由民主，爱国爱民；爱护环境，遵守规则；勇于实践，倡导创新等。

内容与形式是连在一起的，传统美德内涵在不断地被赋予时代新义后，其形式也必然会跟着发生变化。比如"忠"与"孝"，其基本精神虽在当下仍有价值，但践行要求、评判标准已与过去不同，其表现形式也有异于昔日。在"双创"中，有的赋予时代新义多一些，其现代表达形式变化则大一些；有的赋予时代新义少一点，其现代表达形式变化就少一点。总的来说，批判继承传统美德应采取"神似"而非"形似"的态度。

另外，现代生活的丰富性、多样性也让美德的现代表达形式丰富多样。现代生活中，如上公交车、过斑马线、研学旅行、看电影、上网、志愿者服务等，是传统生活没有的，或很少有的。这些，都需要把传统美德的精神内涵转化到新的生活方式上，使之与现代生活相融相通。

四、"十美德"的养成

"道不远人。"生活中，无处不是学，无处不是礼，无处不是勤，无处不是善，无处不是谦，无处不是志等。一言一行，无不含着德行的影子。古人所说的"慎独"，其深义即在于此。与人相处时，有人监督，要讲究美德；无人的时候，也不放纵，遵从心中的道德，也如同"十目所视，十指所指"。

"礼、忠、学、志、信、孝、善、谦、勤、俭"这十种美德，既各有各的特点，又"你中有我，我中有你"。比如，学中有志，学中有礼，还有善、谦、勤、忠等内容。同样，志中也会有学、礼、信、勤、学等内容。"十美德"之间相互关联，养成时应当整体推进、螺旋式上升，切不可割裂成一个个孤立的美德来培养。

"内化为精神追求，外化为实际行动"，一是要不断提高对美德的认识。多了解一些美德相关知识和理论，多熟悉一些美德良训箴言，这有利于提高美德认知水平、判断能力，增进对美德的认同感。二是观察学习。可以说，观察学习是获得美德行为的基本方法。榜样的力量是无穷的，把古今中外以及身边做得好的作为榜样，心追手摹，见贤思齐。三是要价值澄清。要不断地提高自己对美德的评价能力和批判性思维能力，特别是在多元化的社会，各种价值观点纷呈，有的还互相抵牾。当学会思辨，澄清美德价值迷雾。四是要知行合一。"知"与"行"密不可分。王阳明言："知者行之始，行者知之成。圣学只一个工夫，知行不可分作两事。"知行合一当重在"行"上。五是自律与他律相结合。传统的美德养成重慎独、自律而轻他律。虽说美德的养成以自律为主，但也不能忽略他律的作用，特别是中学生，当自觉把自律与他律相结合起来。涂尔干说："人之所以能够成为道德存在，仅仅是因为他存在于既存的社会中。"人不能离开社会而存在，自然，道德的养成要受到社会的约束，他律的约束。六是反思。"吾日三省吾身"，看看哪些做得好，哪些不好，有则改之，无则加勉。通过反思不断修正自己的行为，不断提高美德的践行智慧。

总之，"十美德"的养成要结合日常生活，"从自己做起、从身边做起、从小事做起，一点一滴积累，养成好思想、好品德"。在这个过程中，须知情意行相结合，逐渐从行为习惯的养成到情感态度价值观的认同。如此，在不断的事上磨炼中，才能真正达到"内化为精神追求，外化为实际行动"。

目录 CONTENTS

第一章 礼

美德我知道 /002

美德故事我来讲 /006

美德格言警句 /010

美德知识小检测 /011

美德越辨越明 /013

美德我践行 /015

美德大家评 /017

第二章 忠

美德我知道 /020

美德故事我来讲 /024

美德格言警句 /028

美德知识小检测 /029

美德越辨越明 /031

美德我践行 /033

美德大家评 /035

第三章 学

美德我知道 /038

美德故事我来讲 /042

美德格言警句 /046

美德知识小检测 /047

美德越辨越明 /049

美德我践行 /051

美德大家评 /053

第四章 志

美德我知道 /056

美德故事我来讲 /060

美德格言警句 /064

美德知识小检测 /065

美德越辨越明 /067

美德我践行 /069

美德大家评 /071

目录

第五章 信

美德我知道 /074

美德故事我来讲 /079

美德格言警句 /083

美德知识小检测 /084

美德越辨越明 /086

美德我践行 /089

美德大家评 /091

第六章 孝

美德我知道 /094

美德故事我来讲 /098

美德格言警句 /103

美德知识小检测 /104

美德越辨越明 /106

美德我践行 /109

美德大家评 /111

第七章 善

美德我知道 /114

美德故事我来讲 /118

美德格言警句 /122

美德知识小检测 /123

美德越辨越明 /125

美德我践行 /129

美德大家评 /131

第八章 谦

美德我知道 /134

美德故事我来讲 /138

美德格言警句 /143

美德知识小检测 /144

美德越辨越明 /146

美德我践行 /149

美德大家评 /151

第九章 勤

美德我知道 /154

美德故事我来讲 /158

美德格言警句 /163

美德知识小检测 /164

美德越辨越明 /166

美德我践行 /169

美德大家评 /171

第十章 俭

美德我知道 /174

美德故事我来讲 /178

美德格言警句 /183

美德知识小检测 /184

美德越辨越明 /186

美德我践行 /190

美德大家评 /192

后记 /194

第一章 礼

国盛则礼昌，礼兴则国强。虽然礼的形式古今有所变化，但其核心要义——"敬"一直未变。"礼者，敬而已矣。"无敬则不成礼。礼不仅是成人的必要条件，有着完美人性、健全人格的作用，还是一种道德规范，是社会安定和谐的"润滑剂"。"不学礼，无以立"，今天的中学生更应加强礼仪修养，总的来说，要做到遵规守纪，理性平和；包容自信，平等互敬；有礼有节，温文尔雅。

美德我知道

"礼"之解读

《说文解字》提到:"礼,履也。所以事神致福也。"礼的最初含义是敬拜祖先神灵,以求降福于人。后引申为人与人之间相互尊敬、厚待以及敬重的态度、言行等。

广义而言,礼是政治、社会、宗教、伦理、道德、法律的综合体,它的实质是道德人文主义,强调人文教化、感化等。狭义而言,礼指礼貌、礼节、礼仪等内容。

"礼"的内涵大致有四:一是理。《礼记》云:"礼也者,理也。"以"理"释"礼",说明礼是合乎道理和事理的行为,要遵循自然的规律,体现人的理性。二是敬。《礼记》云:"经礼三百,曲礼三千,可以一言以蔽之,曰'毋不敬'。"礼与敬互为表里,礼必须以发自内心的敬为基础,没有敬的心态就谈不上礼。三是义。《礼记》云:"礼近于义。"礼,只有在所处的时代和环境、施与的对象适宜时才具有合理性,才可以说合礼。四是信。《礼记》云:"忠信,礼之本也;义理,礼之文也。无本不立,无文不行。"忠信是礼的内在实质,得理合宜是礼的外在形式。没有诚信这个内在的实质,礼就不成立。

礼仪是礼的重要内容,它是人们在长期共同生活和相互交往中逐渐形成,并且以风俗、习惯和传统等方式固定下来的,是人类为维系社会正常生活而要求人们共同遵守的最起码的道德规范。礼仪有四原则。一是敬人的原则。二是自律的原则。自律就是在交往过程中要克己、慎重,积极主动、自觉自愿,礼貌待人、表里如一,自我要求、自我反思、自我约束,不妄自尊大、口是心非。三是适度的原则,适度得体,掌握分寸。四是真诚的原则,诚心诚意,以诚待人,不逢场作戏,言行不一。

"礼"之演变

夏商的"礼",从内容到形式都比较简单,主要表现在人与鬼神的关系上,其形式主要表现为用食物来祭祀鬼神。虽然含有一定的祭祀礼仪规范,但这一时期的"礼"

还没有成为约束人行为的道德规范。

到了周朝，"礼"逐渐发展成为一整套以维护宗法等级制为核心的礼制和与此相匹配的道德规范。周代的礼仪书籍"三礼"——《周礼》《仪礼》《礼记》的出现，标志着周礼达到了概念完备阶段。其中"亲亲"和"尊尊"是周礼所确立的全部规范以及制度的出发点和归宿点。

伴随封建社会的到来，新的经济关系、政治制度和价值观念也逐渐形成和发展起来。进入春秋战国时期，大国争霸，兼并战争迭起，出现了"礼崩乐坏"的局面。在这一时期出现了孔子、孟子、荀子等思想家，形成了以儒家学说为主导的正统封建礼教。这个时候"礼"的基本精神，体现为基于孔子仁学而设的忠信义理。

西汉时期，汉武帝采纳董仲舒"罢黜百家，独尊儒术"的建议，将儒家思想上升为统治阶级的意志，以儒家思想治理社会，建立了一整套以儒学经义为指导的社会规范、典章制度和"律法"行为模式，成为全国共同遵守的价值体系。汉代形成的以"礼"为核心的文化模式，在此后两千余年的历史进程中不断得到巩固和完善，奠定了中国社会的基本价值准则和行为模式。

然而，在漫长的历史演变过程中，礼文化中落后的部分逐渐变成妨碍人类思想、个性自由发展和阻挠人类平等交往的精神枷锁。五四新文化运动后，随着我国经济关系和社会关系发生的剧烈变化，腐朽、落后的礼教被批判和清算，诸如愚孝愚忠、三跪九叩首、女子笑不露齿、旧婚姻对女子的"三从四德"等内容被摒弃，而符合时代要求的文化及其礼仪被继承和流传了下来。

"礼缘人情而作"，现代礼仪基于人性而定，尊重人性，以人为本，体现了人文关怀。

"礼"之作用

《礼记》曰："鹦鹉能言，不离飞鸟；猩猩能言，不离禽兽。今人而无礼，虽能言，不亦禽兽之心乎……是故圣人作，为礼以教人，使人以有礼，知自别于禽兽。"古人把"礼"作为区别人与动物、文明与野蛮的标识，是成人的必要条件，故"不学礼，无以立"。

礼对个人来说，有着完美人性、健全人格的作用。《礼记》中"傲不可长，欲不可纵，志不可满，乐不可极""临财毋苟得，临难毋苟免"等格言就有益于我们的健康发展。

今之南开中学的"容止格言"——"面必净，发必理。衣必整，钮必结。头容正，肩容平。胸容宽，背容直。气质勿傲勿暴勿怠，颜色宜和宜静宜庄"，在规范个人形体形象时，也有着完善人性的作用。

礼还是和谐他人与社会的润滑剂。古人十分重视以礼治国，其礼治的思想载于许多典籍中。《论语》："礼之用，和为贵。先王之道，斯为美，小大由之。有所不行，知和而和，不以礼节之，亦不可行也。"《荀子》："人无礼则不生，事无礼则不成，国家无礼则不宁。"《孝经》："安上治民，莫善于礼。"《论语》："道之以德，齐之以礼。"古人能充分认识礼治的重要性，我们今天更要重视，扬弃传统礼治，借鉴其思路和基本精神，吸收其合理因素，促进社会安定和谐地发展。

"礼"之要求

日常生活中无处不是礼，人的一举一动皆含礼的要求。《中庸》里提到："礼仪三百，威仪三千。"说明礼很多，时时处处当守礼。礼又因时而变，入乡随俗，故当知礼，知礼而后习礼。习礼时既要心理认同，也要克服困难、克制自己，养成有礼貌的好习惯。用礼时要恰到好处，过与不及都不好。既不要失礼，也不要把礼节搞得太繁琐、形式化。

尊师礼

1. 遇到问题时，有礼貌地向老师请教。
2. 见到老师主动打招呼或行礼。
3. 不给老师乱取外号，不在背后议论老师。
4. 上课认真听课。
5. 被老师批评时，虚心接受不顶撞。
6. 把老师交代的事记在心上。
7. 当老师在课堂上向你提问时，起立作答。
8. 进老师办公室时先敲门。
9. 不乱翻老师放在讲桌上或办公桌上的书或资料。
10. 预备钟响后，立即进入教室摆好文具、课本，安静地等待老师上课。

社交礼

1. 爱护公共环境卫生，不乱丢乱扔，不随地吐痰，主动捡拾垃圾，自觉做到分类投放垃圾。
2. 在宴请宾客时，要注意从座椅的左侧入座，动作应轻而缓，轻松自然。
3. 在参加宴会时，等长辈坐定后，方可入座。
4. 在乘车、购物、游玩、办理事务等时，自觉排队，使用文明用语，礼让老弱病残孕等特殊人群。
5. 与他人交谈时，看着他人的双眉到鼻尖的三角区域。
6. 一般性的拜访多以半小时为最佳时间。
7. 切忌谈话时伸出食指指点对方。
8. 正确握手的时长一般为3~4秒。
9. 探望病人时宜送康乃馨。
10. 收到礼物时，一般应在送走客人后打开。

礼之涵养

1. 注意形象。时时刻刻注重个人的言谈举止、服饰仪容，不可蓬头垢面、不修边幅。
2. 不卑不亢。待人接物时堂堂正正、坦诚乐观、豁达开朗、从容不迫、落落大方。
3. 入乡随俗。尊重他人的风俗习惯。
4. 信守约定。说话算数，兑现许诺。
5. 热情有度。与人交流时，保持一定距离。
6. 不必过谦。不自我贬低、自轻自贱，不过度谦虚客套。
7. 尊重隐私。不打听他人的个人隐私。
8. 爱护环境。不乱扔乱丢废弃物品，不随地吐痰，不随意吸烟，不随意制造噪声。
9. 女士优先。尊重、照顾、体谅、关心、保护女性。
10. 不宜先为。在交往活动中，面对自己一时难以应付、举棋不定，或者不知道怎样做才好的事情时，最明智的做法是不要急于采取行动，尤其不要急于抢先，冒昧行事。

美德故事我来讲

本章的美德故事里,《孔子尊师》《曾子避席》侧重于习礼之尊师礼,建议初一使用。《刘铭传初见曾国藩》《胡适与蔡元培之争》侧重于讲习礼之社交礼,建议初二使用。《南开"镜箴"与周恩来的气质》侧重于不失礼,讲涵养以礼,建议高一使用。《玉帛成干戈》《千里送鹅毛》侧重于邦交以礼,且礼贵圆通,建议高二使用。

孔子尊师

公元前521年春,孔子与宫敬叔同行,前往周朝京都洛邑去朝拜天子,顺便向老子请教"礼制"的相关知识。到达京都的第二天,孔子便去拜望老子。正在书写的老子听说誉满天下的孔子前来求教,赶忙放下手中刀笔,整顿衣冠出迎。孔子见大门里出来一位年逾古稀、精神矍铄的老人,料想便是老子,急趋向前,恭恭敬敬地向老子行了弟子礼。进入大厅后,孔子再拜后才坐下来。老子问孔子为何事而来,孔子离座回答:"我学识浅薄,对古代的'礼制'一无所知,特地向老师请教。"老子见孔子如此诚恳,便详细地发表了自己的见解。

回到鲁国后,孔子的学生们请求他讲解老子的学识。孔子打比方赞扬老子,他说:"鸟儿,我知道它能飞;鱼儿,我知道它能游;野兽,我知道它能跑。善跑的野兽我可以结网来逮住它,会游的鱼儿我可以用鱼钩钓到它,高飞的鸟儿我可以用良箭把它射下来。至于龙,我却不能够知道它是如何乘风云而上天的。老子,其犹龙邪!"

第一章　礼

曾子避席

曾子是孔子的弟子，有一次他在孔子身边侍坐，孔子问他："以前的圣贤之王有至高无上的德行，精要奥妙的理论，用来教导天下之人，人们因此就能和睦相处，君王和臣下之间也没有不满，你知道它们是什么吗？"曾子听了，明白老师孔子是要指点他最深刻的道理，于是立刻从席子上站起来，走到席子外面，恭恭敬敬地回答道："我不够聪明，哪里能知道，还请老师把这些道理教给我。"

刘铭传初见曾国藩

清廷派驻台湾的总督刘铭传，是建设台湾的大功臣，台湾的第一条铁路便是他督促修建的。他被重用还得从他初见曾国藩说起。李鸿章曾将刘铭传推荐给曾国藩，还一起推荐了另外两个书生。曾国藩为了测验他们三人中谁的品格最好，便故意约他们在某个时间到曾府去面谈。可是到了约定的时刻，曾国藩却故意不出面，让他们在客厅中等候，暗中仔细观察他们的态度。只见其他两位都显得很不耐烦似的，不停地抱怨；只有刘铭传一个人安安静静、心平气和地欣赏墙上的字画。后来曾国藩考问他们客厅中的字画，只有刘铭传一人答得出来。曾国藩很欣赏他，推荐他为台湾总督。

胡适与蔡元培之争

胡适先生是中国近代文化学术思想界的风云人物，新文化的启蒙者。蔡元培先生是北京大学第一任校长，中国近代著名的教育家和学者。1917年，他发表了《石头记索隐》一文，把《红楼梦》称作是一部政治小说，意在"吊明之亡，揭清之失"。

《石头记索隐》对《红楼梦》研究产生了很大的影响，但也招来了许多人的批评，其中就包括胡适。他对于《红楼梦》有着截然不同的看法，认为《红楼梦》其实就是曹雪芹的自传，并由此发表《红楼梦考证》一文，对《石头记索隐》进行了尖锐的批评。

本来，蔡元培先生是胡适的校长，也是引他进北大的伯乐。可是胡适在学术方面，一点也不顾及老前辈的面子，言语十分尖锐。对于胡适的批评，蔡元培先生也不甘示弱，对其批评作出回应。两人唇枪舌剑，互不相让，结果谁也没有说服谁。

两位学者虽然在学术上寸步不让，可是在生活中，胡适非常尊重蔡元培先生，蔡元培先生也一直视胡适为北大的骄傲。

南开"镜箴"与周恩来的气质

天津南开中学的入门处，立着一面醒目的大镜子，镜子上方篆刻着南开学校创始人严修书写的"容止格言"："面必净，发必理。衣必整，钮必结。头容正，肩容平。胸容宽，背容直。气质勿傲勿暴勿怠，颜色宜和宜静宜庄。"短短几十个字，却极富有教育意义，影响人的一生。

在南开求学期间，周恩来以"镜箴"为鉴，激励自己并影响同学。受此感召，他所在的班级文明有礼，被评为全校班风第一，所住的宿舍获得"整齐洁净"的嘉奖。走上革命道路的周恩来，同样没有忘记南开的"镜箴"，他的衣着总是那样得体，神态总是那样平和。即使在南昌起义失败的时刻，周恩来仍能"勿暴勿怠"；在长征的恶劣条件下，周恩来仍旧"宜和宜静宜庄"。越是在关键时刻，越是在危难之时，周恩来身上所表现出来的气质就越能成为鼓舞人们继续革命、坚持到底的动力。这不能不说有"镜箴"的功劳。

玉帛成干戈

公元前592年，齐国国君齐顷公在朝堂接见来自晋国、鲁国、卫国和曹国的使臣，各国使臣带来了墨玉、币帛等贵重礼品献给齐顷公。献礼的时候，齐顷公向下一看，只见晋国的亚卿郁克是个独眼，鲁国的上卿是个秃头，卫国的上卿孙良夫是个跛脚，而曹国的大夫公子首则是个驼背，不禁暗自发笑，怎么四国的使臣都是有毛病的。

当晚，齐顷公见到母亲萧夫人，便把白天看到的四个人当笑话说给萧夫人听。萧夫人一听便乐了，执意要亲眼见识一下。正好第二天是齐顷公设宴招待各国使臣的日子，于是便答应，让萧夫人届时躲在帷帐的后面观看。第二天，当四国使臣依次入厅时，萧夫人掀开帷帐，一看到四个使臣便忍不住大笑了起来，她的随从也个个笑得前仰后合。

笑声惊动了众使者，当他们弄明白原来是齐顷公为了让母亲寻开心，特意做了这样的安排时，个个怒不可遏，不辞而别。四国使臣约定各自回国请兵伐齐，血洗在齐国所受的耻辱。四年后，四国联合起来讨伐齐国，齐国不敌，大败，齐顷公只得讲和，这便是春秋时著名的"鞍之战"缘由。

千里送鹅毛

"千里送鹅毛"的故事发生在唐朝。当时，云南一少数民族的首领为表示对唐王朝的拥戴，派特使缅伯高向太宗贡献天鹅。缅伯高过沔阳湖时，想给天鹅洗个澡。不料，天鹅展翅飞向高空。缅伯高急忙伸手去捉，只抓得几根鹅毛。到了长安，缅伯高拜见唐太宗，并献上礼物。唐太宗见是一个精致的绸缎小包，便令人打开，一看是几根鹅毛和一首小诗。诗曰："天鹅贡唐朝，山高路远遥。沔阳湖失宝，倒地哭号啕。上复圣天子，可饶缅伯高。物轻情意重，千里送鹅毛。"唐太宗莫名其妙，缅伯高随即讲出事情原委。唐太宗连声说："难能可贵！难能可贵！千里送鹅毛，礼轻情意重！"

美德格言警句

- 恭近于礼，远耻辱也。恭则不侮。 ——《论语》
- 敬人者，人恒敬之。 ——《孟子》
- 不敬他人，是自不敬也。 ——《旧唐书》
- 人无礼则不生，事无礼则不成，国无礼则不宁。 ——荀子
- 衣冠不正，则宾者不肃。进退无仪，则政令不行。 ——《管子》
- 勿以身贵而贱人，勿以独见而违众。 ——《六韬》
- 待富贵人，不难有礼而难有体；待贫贱人，不难有恩而难有礼。

  ——《小窗幽记》
- 礼者，理之不可易者也。 ——《礼记》
- 礼者，天地之序也。 ——《礼记》
- 一日克己复礼，天下归仁焉。 ——《论语》
- 非礼勿视，非礼勿听，非礼勿言，非礼勿动。 ——《论语》
- 夫礼，先王以承天之道，以治人之情。 ——《礼记》
- 仓廪实则知礼节，衣食足而知荣辱。 ——《管子》
- 忠信，礼之本也；义理，礼之文也。无本不立，无文不行。 ——《礼记》
- 道之以政，齐之以刑，民免而无耻。道之以德，齐之以礼，有耻且格。

  ——《论语》
- 恻隐之心，仁之端也；羞恶之心，义之端也；辞让之心，礼之端也；是非之心，智之端也。人之有是四端也，犹其有四体也。 ——《孟子》
- 举止是映照每个人自身形象的镜子。 ——歌德
- 教养中寄寓着极大的向往——对美好和光明的向往。它甚至还有一个更大的向往——使美好和光明战胜一切的向往。 ——阿诺德
- 我深信，再也没有比人的外表（与其说是外表本身，不如说是对外表动人不动人的信念）对于人的发展会有这样惊人的影响。 ——列夫·托尔斯泰
- 礼貌是一种语言。它的规则与实行，主要从观察那些有教养的人们举止上去学习。 ——洛克

美德知识小检测

建议： 初中阶段做判断题，高中阶段做选择题。

（一）判断题（正确的打"√"，错误的打"×"）

（　　）1. 与他人交谈时，要看着他人双眉到鼻尖的三角区域。

（　　）2. 有人问路可以用手指指示方向。

（　　）3. 与多人握手时，可以交叉握手。

（　　）4. 上下楼梯时与老师相遇应主动打招呼，并让其先行。

（　　）5. 与他人交谈完毕就立即转身离开。

（　　）6. 当要结束接待时，可以婉言提出，也可用起身的体态语言提示对方。

（　　）7. 陪同客人乘坐电梯时，由客人先进入并揿住开关。

（　　）8. 与同学发生争执时应先冷静，理智化解。如果解决不了应及时找老师帮助或请同学协调。

（　　）9. 如果主人亲自驾驶汽车，副驾驶座应为首位。

（　　）10. 享用自助餐时，应遵守的基本原则是"多次少取"，并注意不要围在餐台边进食。

（二）选择题（1~10题皆为单选题）

1. 在手语运用中，切忌谈话时伸出食指指点（　　），这是一种不礼貌的行为。

　　A. 天空　　　　　　B. 自己　　　　　　C. 对方

2. 正确握手的时长一般为（　　）。

　　A. 3~4秒　　　　　B. 5~6秒　　　　　C. 10秒

3. 参加各种社交宴请时，要注意从座椅的（　　）侧入座，动作应轻而缓，轻松自然。

　　A. 前侧　　　　　　B. 左侧　　　　　　C. 右侧

4.一般性的拜访多以（　　）为最佳拜访时间。

　　A.1小时左右　　　B.半小时左右　　　C.十分钟左右

5.在机场、商厦、地铁等公共场所乘自动扶梯时应靠（　　）站立，另一侧供有急事赶路的人快行。

　　A.左侧　　　　　B.右侧　　　　　　C.中间

6.在参加宴会时，应等（　　）坐定后，方可入座。

　　A.主人　　　　　B.长辈　　　　　　C.女士

7.用餐中途需离开，或筷子暂时不用时应该（　　）。

　　A.插在碗里　　　B.搁在餐碟边上　　C.放在碗上

8.离开朋友家，请主人不要送的时候应说（　　）。

　　A.留步　　　　　B.失陪　　　　　　C.拜访

9.探望病人时宜送（　　）。

　　A.菊花　　　　　B.玫瑰花　　　　　C.康乃馨

10.中国人收到礼物一般在（　　）时候打开。

　　A.接过礼物时　　B.客人出门时　　　C.送走客人后

美德越辨越明

建议： 初一选择第1个问题，初二选择第2个问题，高一选择第3个问题，高二选择第4、5个问题。

1. 小敏今年升入初一，回家对妈妈说："我们同学都给老师取了绰号，英语老师胖乎乎的，超可爱，我们都叫她肥姐，老师不但不生气，还乐意大家这么叫。"妈妈说："这样叫老师，太不礼貌了。" 小敏说："这样叫有什么不礼貌？老师都不介意，这样叫才够姐们儿义气。"

亲爱的同学们，你们是怎么看的？大家讨论一下并上台发言。

2. 程程很有艺术天赋，她在自己的校服上画了一幅卡通图画，获得了一些人的赞美。但也有人觉得，校服意味着学校对学生的统一要求，如果人人都在上面画，还是校服吗？

你是怎么看程程的这种行为的呢？请议一议。

3. 有人认为成大事者不拘小节，吃饭、出行都是鸡毛蒜皮的小事，用不着在意礼节。有人认为天下之事必作于细，细节决定成败，吃饭、出行并非小事，要注意礼节。

对此你是怎么看的？与同学、老师交流并上台演讲。

4. 孔子路过一个叫蒲的地方，正好遇上公叔氏据蒲反叛卫国，蒲人扣留孔子后对他说："如果你不到卫国去，我就放你们走。"孔子答应了，并按要求与他们订立了盟约，蒲人这才放孔子他们从东门出去。孔子出了东门后，还是按计划到了卫国。子贡说："盟约可以违背吗？"孔子说："在要挟下订立的盟约，神是不会认可的。"

在这个故事中，子贡认为老师违背了盟约，失了礼，对孔子的这一行为提出疑问。孔子则认为"在要挟下订立的盟约，神是不会认可的"，自己违背盟约不是无礼的表现。对此，你怎么看？请说说你的观点。

5. 相传有一个小和尚和他的师父——一位得道高僧一起去化缘。他们到了一条小河边，看到一个姑娘试探着想过河，老和尚就问她："姑娘，你是不是想过河？我背你过去。"说完就背着姑娘过河了。小和尚看得瞠目结舌，觉得老和尚这样做不合适，又不敢问，走了三十里地，实在忍不住了，说："师父，你怎么能背一个女人过河呢？"师父微微一笑，说："你看，我背她过了河，马上就放下了，你比我多背了三十里地，到现在还放不下。"

有人认为，男女授受不亲，对于一个出家人尤其是这样，和尚背女子过河是无礼的行为。有人认为，和尚行为并非无礼，那是慈悲为怀、乐于助人的表现，打破世俗观点更是难能可贵。对此，你怎么看？请议一议，辩一辩。

美德我践行

建议： 初中阶段践行前4项活动，高中阶段践行后4项活动。在践行中，不必局限于以下设计的活动内容，可根据实际情况，自行拟订活动要求并践行。

1. 请拟4条孝敬父母之礼来践行，并让父母知道，让他们做好监督。

2. 请你与父母一起参加一次聚会，回想聚会中自己有无失礼之处，如有，请记下来，在下一次聚会时改正。

3. 上台演讲涉及许多礼节，请拟出4~8条来践行。

4. 参加志愿者服务会涉及许多礼节，请拟出4~8条来践行。

5. 与同学或父母一起进行一次研学旅行（或旅行），旅行前拟出5~10条礼节来践行。

6. 创造性转化，是指中华传统文化的现代转型，包括理念、内容、表达、形式等各层面。传统礼文化在创造性转化时，要把握其"敬人"的核心，体现"和为贵"以及人道性与文明等。当下，有些礼是古代没有的，如出行礼中过红绿灯、上下公交车等，这就需要创造性转化。请你在把握礼要旨的情况下，创造性地转化到进出图书馆（室）或其他场合中，拟出5条需遵守的礼节并践行。

7. "非礼勿视，非礼勿动。"请你在把握"礼"要旨的情况下，将其创造性地转化到上网中，拟出5条上网应遵循的礼节并践行。

8. 随着中外文化交流的深入，街头巷尾、车站码头等地常会见到外国人。请根据礼的精神，拟出3条偶逢外国人的礼节并践行。

美德大家评

建议：初中阶段选 1~6 条的内容，高中阶段选 7~20 条的内容进行评价。每学年选 4~5 条，也可自行拟订其他内容来践行并做评价。

|班级| |姓名| |日期|

评价方式	评价内容			
	自我评	小组评	班级评	家长评
1. 出行礼：文明乘车，文明骑车，文明行路，文明驾驶，遵守规则，维护秩序				
2. 课堂礼：入室即静，入座即学，礼貌问候，认真听讲，主动思考，勤做笔记				
3. 课间礼：认真值日，认真做操，及时如厕，主动交流，不串不闹，积极准备				
4. 见面礼：讲普通话，礼貌用语，热情大方，主动问好，举止得体，团结友爱				
5. 就餐礼：按时就餐，自觉排队，合理膳食，安静就餐，餐桌整洁，光盘行动				
6. 升旗礼：整齐有序，严肃认真，歌声洪亮，姿态端庄，积极互动，爱护环境				
7. 仪表礼：发型规范，不戴饰品，仪容端庄，着装校服，佩戴校牌，讲究卫生				
8. 环保礼：地面干净，工具整齐，桌面整洁，垃圾分类，主动捡拾，不乱抛撒				
9. 就寝礼：按时归宿，快洗快漱，内务规范，安静有序，按时保洁，按时离寝				
10. 社交礼：爱护公物，不乱涂画，自觉排队，文明用语，注意形象，尊老爱幼				
11. 遇到问题，有礼貌地向老师请教				
12. 见到教师主动打招呼或行礼				

|续表|

评价方式	评价内容			
	自我评	小组评	班级评	家长评
13. 不给老师乱取外号，不在背后议论老师				
14. 被老师批评时，虚心接受，不顶撞				
15. 待客亲切，主动端茶倒水，分发糖果、水果等				
16. 请长辈坐上席，好吃的东西别独享，注意餐桌礼仪				
17. 去亲戚家做客，要有礼貌，他人的东西别乱动，受到礼遇及时说声"谢谢"				
18. 咳嗽或打喷嚏时，用手肘、衣服或纸巾挡住口鼻				
19. 与他人交谈时，要看着他人的双眉到鼻尖的三角区域				
20. 在手势语运用中，切忌谈话时伸出食指指点对方				

注：1. 请在后面4个空栏里，每年自行拟订1条内容填上并实践。2. 评价等级为优、良、中三种。3. 前面1~10条是璧山中学"十礼"内容。

本章"美德知识小检测"参考答案如下：

一、判断题 1.√ 2.√ 3.× 4.√ 5.× 6.√ 7.× 8.√ 9.√ 10.√

二、选择题 1.C 2.A 3.B 4.B 5.B 6.B 7.B 8.A 9.C 10.C

第二章 忠

《忠经》曰："夫忠而能仁，则国德彰；忠而能知，则国政举；忠而能勇，则国难清。故虽有其能，必由忠而成也。"可见，忠不仅是为人处世之本，还是治国安邦之道。忠的本义是心不懈怠，尽心竭力把事做好。后引申开来，从事扩大到人、集体、国家。忠的理、义很大很深，但在封建社会，被人为地狭隘化了，特别是变成臣民对君主的绝对服从而成为愚忠。弘扬忠文化，就是要去其糟粕，取其精华。中学生培养忠德，当心怀敬意，竭诚敬业；忠于祖国、忠于人民、忠于集体、忠于自己。

美德我知道

"忠"之解读

《说文解字》中"忠"释义为："敬也。从心，中声。""忠"为何解释为"敬"呢？《说文解字》又进一步阐释："古以不懈于心为敬，必尽心任事始能不懈于位，故忠从心。"从《说文解字》的释义来看，"忠"就是"敬"的意思，即有敬意，也可以说有真诚之意，如同儒家思想里"正心""诚意"的合意，涉及内心活动与情感。这表现在两个方面：一是内心有恭敬之心，不懈怠；二是表现在外，自己处在哪个位置，就要尽心尽力履行该位置赋予的职责，即"尽心任事"，不尸位素餐，按现在的话说，就是敬业。

如何"尽心任事"呢？宋初名相王曾《原忠篇》说："忠之义大矣，忠之理微矣。忠者，中心也。中于道而合中心之谓也。中不合道，则理有倚偏。道不中心，则道有未尽。故不偏不倚之谓中。中道中心，忠名乃定。"即要把心放在"中"间，行于中道，才能"尽心任事"。心如不"中"，或贪功冒进，或懈怠，都不能干好所任之事。懈怠，不能"尽心任事"好理解，贪功冒进为何就不"中"呢？因为贪功冒进，多是个人主观性太强，往往不能实事求是、客观公正。过犹不及，这不仅不能干好事，反而于事有损。"中"的本义是正，忠表现出来的就是内心的中正，对待什么都不偏不倚，这才叫尽忠。

"忠"之演变

"忠"作为中国传统美德上一个十分重要的概念，一直是规范人们处理人际关系的行为准则，但后来"忠"的内涵被人为地阉割和缩小。在春秋时期，道德对君臣双方都提出了相应的要求，一般表述为"君仁臣忠""君令臣共""君义臣忠"等。在当时，君臣关系尚处于相对宽松的环境之中，臣下对于君主的"忠"是理性的、有条件的，而不是盲目的和无条件的。"忠君"的观念还把规谏君主的言行、匡正君主的缺失作为臣下的重要职责，并非一味盲从。

随着封建专制的加强，"忠"的观念由一种具有普遍意义的道德要求转变为一种具体的道德规范，由君臣双方的道德要求转变为对于臣下的单方面的道德约束。特别是宋代以后，"忠"更强调的是臣民服从于君主及国家的行为规范和准则，在一定程度上发展成臣民绝对服从于君主的一种片面的道德义务，甚至于发展成"君叫臣死，臣不得不死"的愚忠。可见，"忠君"变得绝对化，与君权的绝对化是联系在一起的。

经过近现代进步思想家们的重新阐释，"忠"的原始意义得以复归和发展。一个人践行"忠"，当从近及远，从忠于自己、忠于家庭、忠于学校逐渐扩展到更大的范围。"忠"既被认为是个人修身养性、为人处世的基本道德要求，如生意人在经济活动中遵循市场规则，干部甘为公仆、乐于服务人民等，还注入了时代的"新鲜血液"，包含了理性化和民主化的内容。简要地说，"忠"的现代意义是指在法治社会中的个体或群体，基于普遍认同的道义或社会主流价值观对其共同体及其责任的认同和担当，如忠于信仰、忠诚祖国（爱国）、忠于人民、忠于职责（敬业）、忠守承诺（诚信）、忠心待人（友善）、忠于道义等。新时代的"忠"文化体现了社会主义核心价值观对公民的道德要求，是对传统"忠"文化的创造性转化与创新性发展的结果。

"忠"之作用

"忠"是我国传统道德思想的重要理念，它不仅是治国安邦之道、天下大公之道，也是为人处世之本，还是人与社会、国家之间的精神纽带。为什么这样说呢？因为从微观的层面来说，"忠诚""守信"关乎人们的友善相处、个人前途；从宏观的层面来说，"忠心""诚信"还关乎国家昌明、社会风气。

《忠经》曰："夫忠而能仁，则国德彰；忠而能知，则国政举；忠而能勇，则国难清。故虽有其能，必由忠而成也。"发挥"忠"的作用，不是说有一颗忠心即可，还要同其他的美德诸如仁、智、勇等一起形成合力，这样，才能把"忠"更好地彰显出来。

社会主义核心价值观中的爱国、敬业、诚信可以说是忠文化最集中的体现。新时代忠文化，在捍卫国家和平统一、维持社会稳定、维护市场经济秩序、建设廉洁政治等方面发挥着巨大的作用。弘扬新时代忠文化，也有助于社会主义核心价值体系的建设和中国梦的早日实现。

"忠"之要求

"忠"表现在外，就是要"尽心任事"。"尽心任事"，也就是我们今天所说的敬业。作为学生，敬业则要完成好自己的学业。"忠"表现在内，就是要培养忠诚、忠厚的情感，做事认认真真，对人一心一意。比忠于事、忠于人更高的当是忠于道义。义之所在，赴汤蹈火，在所不辞。而大的道义须热爱祖国（爱国）、热爱人民，也就是忠于祖国、忠于人民，维护和平，维护社会的长治久安。

敬业

1. 按时到校，不迟到、不早退、不旷课。上课专心听讲，勤于思考。认真预习、复习，主动学习。

2. 准备一个时间账本，合理安排好学习与娱乐时间。

3. 与干扰学业的不良行为做坚决斗争，如不要沉迷于手机、游戏等。

4. 有强烈的事业心和责任感。

5. 有做好事的良好心态，且精益求精。

6. 对工作（学习）上的困难，能想办法克服，有艰苦奋斗的精神。

7. 用心做好每一件事。

8. 按时、独立完成作业，不抄袭，不敷衍。

9. 该自己做的工作，绝不推给他人。

忠诚

1. 做事有诚意。

2. 与人共事或合作时，严于律己，宽以待人。

3. 答应了别人的事，尽力将其做好，诚实守信。

4. 答应他人的事做不到时，应表示歉意。

5. 做事时遇到困难，积极想办法解决，不半途而废。

6. 不在背后说同学的坏话。

7. 对人、对事坦诚，不说谎。

8. 忠于自己，选择前三思，选择后坚定去做。

9. 时时反省自己：为人谋而不忠乎？

忠义

1. 加强纪律性，抵制不良诱惑。

2. 有人求你时，要理性对待，看所求之事是不是符合道义，不要贸然答应。

3. 明辨是非，不沾染"江湖义气"。

4. 抵制有损社会公德的行为，且机智地劝阻他人。

5. 保守他人秘密，不随意泄露。

6. 朋友遇到困难时，主动帮扶。

7. 君子爱财，取之有道。

8. 勇于对校园欺凌行为做斗争。

爱国

1. 看到有侵害国家利益或公共财产的行为，要见义勇为，机智斗争。

2. 认真参加升旗仪式，爱护国旗，不污损国旗。

3. 热爱祖国的山山水水，爱护国家文物。

4. 关注新闻，关心国家大事。

5. 学习并弘扬中华民族的优秀传统文化。

6. 坚定国家统一的信念。

7. 不妄议国家领导人和大政方针，不在网络平台上发表对自己国家和他国的不当言论。

8. 文明爱国，理智爱国，依法爱国。

9. 背诵并积极践行社会主义核心价值观。

美德故事我来讲

本章的美德故事，《鞠躬尽瘁》《宁肯一人脏，换来万户净》侧重于讲敬业，建议初一使用。《发母数子》《借字帖》侧重于讲忠诚，建议初二使用。《忠义关羽》《张自忠大义殉国》侧重于讲忠义，建议高一使用。《扶贫的初心》《黄旭华：沉潜三十年，为华铸重剑》侧重于讲爱国，建议高二使用。

鞠躬尽瘁

诸葛亮是我国历史上著名的政治家、军事家，被视为中华民族智慧的化身，大智大勇的代表。

东汉末年，刘备三顾茅庐，从襄阳隆中请出诸葛亮为其军师。当时，魏、蜀、吴三国鼎立的局面尚未形成，刘备实力很弱。为兴复汉室，诸葛亮注重选拔人才，任人唯贤，赏罚分明，虚心征求各方面的意见；严格要求各级官吏，惩办贪污不法行为，以树立官员廉洁奉公的风气。诸葛亮身体力行，一生不辞辛苦，兢兢业业，为蜀呕心沥血，一切正如他《后出师表》中所说的"鞠躬尽瘁，死而后已"。

宁肯一人脏，换来万户净

时传祥出生在一个贫苦农民家庭。他14岁逃荒流落到北京城郊宣武门一家私人粪场，受生活所迫当了掏粪工。1949年，新中国给了他做人的尊严，他用一颗朴实的心记住了一个通俗的道理：掏粪也是社会主义建设事业的一部分。他把掏粪当成十分光荣的劳动，虽然右肩被磨出了一层厚厚的老茧，却不以为苦。他还热心帮助同事，任劳任怨，满腔热情，全心全意为人民服务。面对他人的冷眼，时传祥一笑了之。他还利用公休日为居民、机关和学校义务清理粪便，整修厕所。1959年被选为全国劳动模范。

在该年的群英会上，刘少奇接见了时传祥，真挚地说道："老时啊，我们在党的领导下，都要好好地为人民服务。你掏大粪是人民的勤务员，我当主席也是人民的勤务员，只是革命分工的不同，都是革命事业中不可缺少的一部分。"

时传祥高兴地表示："我已经干了30年的掏粪工，只要党需要，我还要再干它30年、60年！党需要我干到什么时候，我就干到什么时候。"

发母数子

周朝时，楚国的将领子发率军攻打秦国，粮食吃完了，就派人回去向楚王请求接济，顺便让人到家里去问候母亲。母亲问派来的人："粮食吃完了，士兵们都还好吗？"来人回答："大家分着豆粒吃。"又问："你们的将军还好吗？"来人回答："这个请您放心，他从早到晚都有猪、羊肉和精粮吃呢。"后来，子发打了胜仗兴高采烈地回来。奇怪的是，母亲竟不让他进家门，还派人数落他说："以前越王勾践和将士们分着酒喝，将士们的战斗力增强了五倍。他又和将士们分着粗粮吃，将士们的战斗力增强了十倍。而现在，你的士兵们分着豆粒吃，而你却独享着肉和精粮，虽然侥幸获胜，也是不符合道义的。你不像我的儿子，不要进我的家门。"子发听后，十分愧疚，跪在门口不停地叩头谢罪，母亲才开门让他进去。

借字帖

一天，毛主席知道黄炎培先生收藏了一本王羲之的字帖，就迫不及待地找到他，欲借来看一看。黄炎培也钟爱此帖，就对毛主席说："只能借一个月，到期归还！"毛主席答应了。

过了几天，黄炎培忍不住打电话问毛主席："主席，我那本字帖您看完了吗？"毛主席知道读书人爱书如命的心情，就说："一个月还没有到，到了一个月我一定会按时归还！"

一个月的时间到了，毛主席把字帖包好，让警卫员把字帖送到黄炎培先生那里去，并且强调："一定马上送到黄炎培先生那儿！"

黄炎培收到字帖后，想到自己打电话问书的事就不安。于是他再次给毛主席打去了电话，说："主席如果还想看，就多看几天。"毛主席说："谢谢你的好意，还是按时还给你的好！"

忠义关羽

关羽在中国传统文化中被视为忠义的化身，在《三国演义》中被赞为"义绝"。他年轻时杀恶霸救民女，除暴安良，可谓侠义；在许田会猎时欲杀僭越的曹操，可谓忠义。他追随刘备，是因为刘备是汉室宗亲，他认为汉室是正统，想做一个忠于汉室的忠臣。

建安五年正月，关羽被困土山，与张辽约定三件事，其中一条就是降汉不降曹。在曹营，曹操对关羽的恩赐可称史无前例，但最终关羽还是封金挂印而去，保护二位嫂嫂踏上了千里寻兄之路。关羽对曹操的诱惑和拉拢始终不屑一顾，可谓"惟正是忠"。后来关羽尽起荆襄之兵北伐曹操，为的是消灭曹操集团，一统汉室江山。这既是大忠，也是大义。不料大意失荆州，兵败麦城，他拒绝了东吴的劝降，英勇就义。

张自忠大义殉国

1940年5月，日军集结30万大军发动枣宜会战。张自忠将军率部迎战，亲笔昭告各部队、各将领："国家到了如此地步，除我等为其死，毫无其他办法……为国家民族死之决心，海不清，石不烂，决不半点改变。"双方发生遭遇战后，由于电报被日寇破译，15日，张自忠率领的1500余人被近6000名日寇包围在南瓜店以北的沟沿里村，激战一昼夜。张自忠仍坚持指挥作战，直至战死。

张自忠的尸骨运回后方，经检视，身有八处伤口，其中炮弹伤二处，刺刀伤一处，枪弹伤五处。周恩来这样评价他："其忠义之志，壮烈之气，直可以为我国抗战军人之魂。"

扶贫的初心

黄文秀同志生前是广西壮族自治区百色市委宣传部干部。大学期间，黄文秀积极向党组织靠拢，主动申请加入中国共产党，在入党申请书中写道："只有把个人的追求融入党的理想之中，理想才会更远大。为了使自己活得更有意义，生存更有价值，我迫切要求加入中国共产党。"黄文秀说过："很多人从农村走出去就不想再回来了，但总是要有人回来的，我就是要回来的人。"她从北京师范大学研究生毕业后，回到家乡百色工作。2018年3月，黄文秀同志积极响应组织号召，到乐业县新化镇百坭村担任驻村第一书记，埋头苦干，带领88户417名贫困群众脱贫，全村贫困发生率下降20%左右。2019年6月17日凌晨，她在从百色返回乐业途中遭遇山洪不幸遇难，献出了年仅30岁的宝贵生命。

黄旭华：沉潜三十年，为华铸重剑

黄旭华被誉为"中国核潜艇之父"，他的人生正如深海中的潜艇，无声，但有无穷的力量。

1958年，我国批准核潜艇工程项目。30岁出头的黄旭华带领二十多名年轻的技术人员，在人才、技术、资源短缺的境况下，进入与世隔绝的荒岛，在大海的陪伴下开始了核潜艇的研制工作。近30年的时间里，为保守国家最高机密，黄旭华淡化亲朋关系，从未回过老家，也从未透露自己的工作单位、工作性质，连通讯地址也没有告诉家里人。直到1987年，黄旭华的我国第一代核潜艇总设计师的身份解密，家里人才知道，他是在从事一项伟大的事业。

2019年，他被授予"共和国勋章"。

美德格言警句

- ◆ 忠厚传家久，诗书继世长。 ——民谚
- ◇ 临患不忘国，忠也。 ——《左传》
- ◆ 利于国者爱之，害于国者恶之。 ——《晏子春秋》
- ◇ 用志不分，乃凝于神。 ——《庄子》
- ◆ 见善如不及，见不善如探汤。 ——《论语》
- ◇ 食人一日之禄，必忠人一日之事；受人一事之托，必忠人一事之谋。
——佚名
- ◆ 居处恭，执事敬，与人忠，虽之夷狄不可弃也。 ——孔子
- ◇ 天下兴亡，匹夫有责。 ——顾炎武
- ◆ 粉身碎骨浑不怕，要留清白在人间。 ——于谦
- ◇ 长太息以掩涕兮，哀民生之多艰。 ——屈原
- ◆ 和以处众，宽以接下，恕以待人，君子人也。 ——林逋
- ◇ 古之君子，忠以为质，仁以为卫，不出环堵之室，而知千里之外。有不善则以忠化之，侵暴则以仁固之，何持剑乎？ ——孔子
- ◆ 烈士不忘死，所死在忠贞。 ——柳宗元
- ◇ 位卑未敢忘忧国。 ——陆游
- ◆ 忠足以尽己，恕足以尽物。 ——王安石
- ◇ 苟利国家生死以，岂因祸福避趋之。 ——林则徐
- ◆ 当须殉忠义，身死报国恩。 ——李希仲
- ◇ 衙斋卧听萧萧竹，疑是民间疾苦声。些小吾曹州县吏，一枝一叶总关情。
——郑板桥
- ◆ 人谁不死？死国，忠义之大者。 ——陈寿
- ◇ 寄意寒星荃不察，我以我血荐轩辕。 ——鲁迅

美德知识小检测

建议： 初中阶段做判断题，高中阶段做选择题。

（一）判断题（正确的打"√"，错误的打"×"）

（　　）1. "忠厚传家久，诗书继世长"，寄托了世人对忠厚美德的追求。

（　　）2. 华佗医道娴熟，长于诊断，善于治疗，精益求精，被誉为神医，体现了忠的美德。

（　　）3. 汉代张骞出使西域，开辟了一条促进中外物质、文化交流的"丝绸之路"，也是热爱祖国的表现。

（　　）4. 唐代鉴真和尚为传播中土文化，经过12年的努力，六次东渡，五次失败，终于到达日本都城。他把盛唐文化传给日本，不属于爱国行为。

（　　）5. 不忠于自己，就难以忠于他人。

（　　）6. 自己人微言轻，何必去关心国家大事。操心国家大事，那是杞人忧天。

（　　）7. 有人认为，爱国是每个中国人的事情，而爱党是每个党员的事情。中国人可以不爱党，但不能不爱国。

（　　）8. 爱国当立大志、干大事，用不着从身边点滴的小事做起。

（　　）9. 前几年抵制日货时，有人在街上看到日系车就打砸烧，说是爱国的表现。

（　　）10. 作为一个中学生，努力学习、遵守纪律、行为文明、谈吐高雅、给老人让座等行为，其实也是爱国的行为。

（二）选择题（1~7是单选题，8~10是多选题）

1. 时间来不及了，马上要交作业，而自己的作业还未完成，这个时候正确的做法是（　　）。

　　A. 找一本来抄　　　　　　　　B. 先胡乱交一个作业本再说

　　C. 主动承认未完成，并说明理由

2. 放学后，你与张三要打扫清洁，张三话也不说就走了，你该怎么办？（ ）

　　A. 也跟着走　　　　　　　　B. 潦草地打扫清洁

　　C. 认真把清洁做好

3. 教师叫你重做作业，正确的态度是（ ）。

　　A. 没有时间，有时间再重做　　B. 质问老师，凭什么我重做

　　C. 虚心问老师错的地方，认真再做一遍

4. 对于爱国，下面理解不正确的是（ ）。

　　A. 拥护祖国统一，反对分裂言行　　B. 为祖国谋福利

　　C. 现在我还小，等我长大了来

5. 在班上与他人共同完成一件事，负责人中途有事离开，下面哪种表现不是忠的行为？（ ）

　　A. 同学推举我来负责，就主动担当　　B. 为教师提出改进的意见

　　C. 为表现自己，另搞一套做法

6. 下列哪一种不是体现"一片冰心在玉壶"的品质？（ ）

　　A. 清廉　　　　　　B. 冷漠　　　　　　C. 忠贞

7. 汉朝楚人有谚语："得黄金百斤，不如得（ ）一诺。"

　　A. 季布　　　　　　B. 项羽　　　　　　C. 郭解

8. 2013年12月，《中国青年报》发表了一篇《最勤劳的中国员工为何"不敬业"》文章，你认为下面的说法中与中国员工"不敬业"相关的是（ ）。

　　A. 只为了挣钱，谈不上兴趣　　B. 工资待遇不高

　　C. 发展前景不好

9. "先天下之忧而忧，后天下之乐而乐"，这句话的意思包含（ ）。

　　A. 热爱国家　　　　B. 热爱人民　　　　C. 忠于职守

10. 忠诚是职场最基本的道德，也是职场成功最核心的品格。比尔·盖茨曾说："忠诚是员工一切美德之首。"格力公司的企业精神是忠诚、友善、勤奋、进取。下面属于忠诚行为的是（ ）。

　　A. 干好自己的本职工作　　　　B. 为公司的发展向领导建言献策

　　C. 积极向他人宣传公司的良好形象

美德越辨越明

建议： 初一选择第1、2个问题，初二选择第3个问题，高一选择第4个问题，高二选择第5个问题进行辩论。

1. 因为赶作业，读初一的小王常常要晚上10点半才能睡觉。父母要求他晚上休息的时间是9点半。为此，小王常常受到父母的指责。小王很委屈，老师说，作业要当天保质保量地完成，为了完成作业，睡觉时间就违背了父母的要求。

   小王到底应该听谁的呢？请议一议。

2. 上古时期，洪水泛滥，百姓深受其苦。舜帝派大禹治水。治水期间大禹三过家门而不入，采取疏导法终于制服了洪水。

   有人说，大禹治水精神可嘉，忠于职守，但不顾家庭，似乎对家庭不忠，这个做法值得商榷，也不宜大力提倡。你认为呢？

3. 三个青年人一时找不到工作，为了生计，都去了一个厂里。第一人想，这不是我感兴趣的工作，不外就是挣钱而已，能偷懒就偷懒。第二人想，食其禄而怠其事，必遭天殃，于是他开始保质保量地完成每天的工作，慢慢有了兴趣，成为技术能手。第三人想，虽不是我自己感兴趣的工作，但工作是神圣的，不能懈怠，于是边认真工作边寻找自己所喜欢的工作，后找到一家自己喜欢的单位，跳槽了过去。

当不得已做自己不喜欢的工作时，是懈怠、离开，还是热爱？跳槽是不是不敬业的表现？请议一议。

4. 司马迁《史记·刺客列传》载：赵襄子杀死智伯，豫让决心为智伯报仇。他先化装成服刑的人，未果。后来豫让漆身毁容吞炭，声音也变了。他躲在一座桥下准备行刺，结果又被赵襄子发现。赵襄子责备他，豫让却说，范氏和中行氏把我当作一般仆人，我也就作为一般仆人对待他们，智伯把我当作国士看待，我也就像一名国士一样来报答他。说完后，他伏剑自杀而死。

豫让就是典型的"士为知己者死"的代表，如何看待豫让忠于主子一事？请分组讨论。

5. 常璩《华阳国志》载：周之季世，巴国有乱。将军蔓子请师于楚，许以三城，楚王救巴。巴国既宁，楚使请城，蔓子曰："籍楚之灵，克弭祸难，诚许楚王城，将吾头往谢之，城不可得也！"乃自刎以头授楚使。王叹曰："使吾得臣若蔓子，用城何为！"乃以上卿之礼葬其头。巴国葬其身，亦以上卿礼。

有人认为巴蔓子对楚国不忠，欺骗了楚王；有人认为巴蔓子是忠，忠于巴国。到底巴蔓子是忠还是不忠，请议一议，辩一辩。

美德我践行

建议： 初中阶段践行前3项活动，高中阶段践行后4项活动。在践行中，不必局限于以下设计的活动内容，可根据实际情况，自行拟订活动内容并践行。

1. 学业上你有没有未敬业的地方，如果有，请你分析其原因并在实践中改正。

2. 忠，包括对自身言行负责。反省近期以来自己的哪些言行有不符合于"忠"的地方，请分条列出，并积极改正。

3. 忠于祖国，应当先忠爱家庭、忠爱学校。请拟出忠爱学校的几条要求来践行。

4. 忠在当下有热爱人民之义，热爱人民应从近到远做起，请积极参加一次公益活动或志愿服务，体会服务他人的快乐。

5. 在道义与名利面前,你是否曾经有过纠结。如果有,请你写出当时的情境,分析做得好与不好之处,以提醒自己在下一次遇到这种情况时做出更好的选择。

6. 近代思想家梁启超在《敬业与乐业》中言:"凡职业都是有趣味的,只要你肯继续做下去,趣味自然会发生。"同学们,你们在努力完成学业时,是否也享受了其中的快乐?为感受完成学业的乐趣,请你在把握"忠"要旨的情况下,拟出5条完成学业时应当具有的良好心态或做法,并践行。

7. 现代社会,"忠"吸收了现代理性、文明法治等内容,对传统之忠进行了创新性发展。请你想一想,在中国与某些国家发生国际纠纷时,该如何理性表达爱国之情,请拟出5条内容来践行。

美德大家评

建议： 初中阶段选 1~10 条的内容，高中阶段选 11~20 条的内容进行践行评价。每学年选 4~5 条，也可自己拟订一些内容来践行并做评价。

| 班级 | | 姓名 | | 日期 | |

评价方式	评价内容			
	自我评	小组评	班级评	家长评
1. 把师长交代的每件事情做好；作业不打折扣、不拖拉				
2. 独立完成作业，不抄袭，不敷衍				
3. 做好每一次值日				
4. 不沉迷于手机、游戏				
5. 对工作（学习）上的困难，总能想办法克服，锲而不舍				
6. 尽心尽力完成他人交办之事				
7. 答应他人的事做不到时，表示歉意				
8. 约定何时归还他人的钱物应及时归还				
9. 不在背后说同学的坏话				
10. 不推卸自己该做的事				
11. 抵制不良诱惑，不欺凌他人				
12. 明辨是非，不沾染江湖习气				
13. 抵制违反社会公德的行为，且机智劝阻				
14. 真心为别人的好感到喜悦				
15. 不在网络平台上发表对自己国家和他国的不当言论				
16. 有为他人服务的意识，尽可能帮助身边的人				

|续表|

评价方式	评价内容			
	自我评	小组评	班级评	家长评
17. 认真参加升旗仪式				
18. 能背出24字社会主义核心价值观				
19. 爱护国家文物				
20. 遵守法律和法规，没有违反校规校纪的行为				

注：1.请在后面4个空栏里，每年自选1条内容填上并实践。2.评价等级为优、良、中三种。

本章"美德知识小检测"参考答案如下：

一、判断题 1.√ 2.√ 3.√ 4.× 5.√ 6.× 7.× 8.× 9.× 10.√

二、选择题 1.C 2.C 3.C 4.C 5.C 6.B 7.A 8.ABC 9.ABC 10.ABC

第三章 学

"学而时习之，不亦乐乎。"学习是人生成长之梯，文明传承之途，政党巩固之基，国家兴盛之要。"学，觉也。"如何让自己内心明察觉悟呢？当"博学之，审问之，慎思之，明辨之，笃行之"。现在，学习力是人核心的竞争力之一，学习不仅是"纳入"，更意味着"输出"，而"输出"贵有所创新。作为中学生，当勤学善学，乐学博学；日积月累，汇滴成海；知行合一，求实创新。

美德我知道

"学"之解读

"学"字繁体作"學",亦作"斅",是会意兼形声字,读 xiào。《说文解字》:"斅,觉悟也。从教从冖。冖,尚矇也。臼声。篆文斅省。"《玉篇·子部》:"学,觉也。"《白虎通·辟雍》:"学之为言觉也,以觉悟所不知也。"从上可知,学的本义是觉悟。另《辞源》中解释"学"是"仿效",意为向有知识、有文化的人模仿、效仿、看齐。这个看齐,向外是求知识,向内是求人格的完满。

现代人把学习分为狭义与广义两种。广义的学习是人在生活过程中,通过获得经验而产生的行为或行为潜能相对持久的行为方式。狭义的学习是通过阅读、听讲、研究、观察、理解、探索、实验、实践等手段获得知识或技能的过程,是使个体可以得到持续变化(包括知识和技能、方法与过程、情感与价值观的改善和升华)的行为方式。

"学"往往与"习"结合起来使用。子曰:"学而时习之,不亦说乎?""习",鸟数飞也,有练习、实习、见习之义。《辞源》解释"习"为"复习、练习"。学习,就是把学到的知识身体力行,做到知行合一。王阳明特别强调知行合一,说"知者行之始,行者知之成,知而不行,还是未知"。

"学"之演变

这里从学习观这个视角谈"学"的演变。

先秦时期的学习观主要是"修身致德,学为圣贤"。孔子认为"古之学者为己,今之学者为人",真正的学习从来不是为了他人,为所谓的名利而学,而是为了自身的修身养性、技艺提高而学,成为"内圣外王"的仁德君子,乃至圣人。当然学习会带来名利,但不以名利为目的。

西汉时期,王充对传统学习观进行了批判。他主张学习是为了"反情治性,尽材成德",成为"通百家之言"的鸿儒,即不守一经、博闻多识、广采众说、思想独立、求真务实的"通人"。

宋明时期产生了"尊德性"与"道问学"的论争，清代黄宗羲这样评论宋明理学与心学之间的双峰对峙，"朱熹偏重知识探求，而陆九渊则以道德探求为务，'尊德性'与'道问学'遂成两家学术分野的标签"，但他们在学习目的观上表现出出奇地一致：学为圣人。

明清之际，实学主义思潮兴起。明末清初三大儒黄宗羲、顾炎武、王夫之等人批评宋明理学的空疏无用，主张"学贵履践，经世致用"。颜元继承并发展性地提出"学以致用，学成其人"的学习观。学习不是为了成为圣贤或鸿儒，而是各尽其所长，最大可能地去发掘每个人所固有的内在潜力，成为最好的自己，成为一个其所能成为的人。

而今，学习强国成为新时代共识，一方面要树立"科教兴国""科学技术是第一生产力"的坚定信念，自觉地、主动地加强文化知识的学习，以适应经济、文化、科技等发展的需要；另一方面，在加强科学文化知识学习的同时，加强思想道德修养，提高心理素质，不断促进人的全面发展。

"学"之作用

王应麟在《三字经》中说："犬守夜，鸡司晨，苟不学，曷为人？蚕吐丝，蜂酿蜜，人不学，不如物。"可见，离开学习，人就是一个自然物，不能叫人，甚至还不如物。"夫禽兽有父子而无父子之亲，有牝牡而无男女之别。故人道莫不有辨。"（《荀子·非相》）。"人之所以为人者，非特以二足而无毛也，以其有辨也"，人与动物相区别，在于人能分辨男女亲疏，有伦理道德。这分辨的能力，就需要学习。学习能让人脱离愚昧，把人与动物区别开来，这是人成为人的重要原因。

学习还使人业进而德修，主动适应环境，并服务于社会。近代英国学者培根强调"知识就是力量"，学习可以增智，即通过学习，汲取前人的经验与教训，不断提高驾驭全局能力、宏观决策能力、综合协调能力、知人善任能力和处理复杂问题的能力。学以致用，去解决实际问题，进而创造性地开展工作，精益求精，把所做事业不断推向前进。

学习是人生成长之梯、文明传承之途、政党巩固之基、国家兴盛之要。今天，在实现中华民族伟大复兴的道路上，我们在学好知识的同时，还要坚持立德树人、以德为先，坚定理想信念，追求高尚情操，践行社会主义核心价值观，在奉献中实现人生价值。面对物质世界的喧嚣，通过学习来实现自我超越，点亮心灵之灯，这是我们增强文化自信、实现文化自觉、重构精神家园的必由之路。

"学"之要求

"学问思辨行"，是古人对学习的总结。"人一之，己百之"，学习当勤，勤能补拙。勤之时，不断总结方法，取法他者。"学而时习之，不亦乐乎"，有情感的参与，才能让学习持续高效，并获得满满的快乐。厚积薄发，"且夫水之积也不厚，则其负大舟也无力"，乐学自然学博。"纸上得来终觉浅，绝知此事要躬行"，实践出真知，当知行合一。在行中检验知，检验的过程学会反思，以促进知行的进一步统一。"生生之谓易"，学贵创新，别开生面，这是学的高要求。当前，创新性学习离不开信息素养的支撑，当重视信息意识和能力的培养。

勤学·善学

1. 时时向学习好的同学请教，或读一些如何提高学习效率的文章，并做记录。
2. 拥有一个改错本，把有价值的错题写在上面并归类。
3. 每周（月）向老师和同学大胆地提出一两个问题。
4. 读书要有目标，拟出近期目标与远期目标。
5. 学习时善于抓住关键词。
6. 好记性不如烂笔头，边学边做笔记。
7. 加强自主学习，安排好作息时间。
8. 不断优化学习方法。

乐学·博学

1. 学习时以苦为乐，为自己喝彩。
2. 向他人分享自己学习的快乐。
3. 时时进行一些学科拓展性阅读。

4. 参观文化景区时，多看看展览的作品。

5. 时常去书店、图书馆、博物馆等地方学习。

6. 打开自己的心扉，听听不同的声音，以增长见识。

7. 有跨界学习的意识与行为。

8. 遇到问题时，想想古人是怎么想的、做的，外国人是怎么想的、做的。

知行合一·学会反思

1. 把书本上学到的知识运用到日常生活中。

2. 做好每一次实验，增强动手能力。

3. 大胆实践，在挑战面前不畏惧，困难面前不退缩。

4. "靡不有初，鲜克有终"，做事自始至终。

5. 根据情况变化改进计划，确立新目标，并严格执行。

6. 对失败进行反思，找准失败的原因。

7. 对成功进行总结，把好的经验继续发扬。

8. 笃行中，形成并发挥自己的特长。

创新学习

1. 提高自己对环境与问题的判断力，能灵活地组织信息去解决问题。

2. 能将新知识与原有的知识体系进行融合，在批判思考和解决问题的过程中使用信息。

3. 对别人的观点，未经审思辨析，不轻易反对或赞同。

4. 用多种方法解决问题。

5. 遇到不懂的，坚持"打破砂锅问到底"。

6. 主动与人探讨，在探讨中抓住创新的火花。

7. 不先入为主，在不同的观点中，能感知焦点所在。

8. 培养感受事物、思考事物以及做事情的特殊方式。

9. 有批判的勇气和能力。

美德故事我来讲

本章的美德故事,《划粥断齑》《梅兰芳驯鸽练眼功》侧重于讲勤学,建议初一使用。《祖冲之成就不止在数学》《旷世奇才——达·芬奇》侧重于讲博学,建议初二使用。《事上磨炼》侧重于讲知行合一,建议高一使用。《吴又可专攻温病》《卫兴华:不唯上、不唯书、不唯风、不唯众》侧重于讲学贵创新,建议高二使用。

划粥断齑

范仲淹(989—1052年)是北宋著名的政治家、军事家。范仲淹两岁丧父,家贫。长大以后发奋苦读,寄住在寺庙里。每天夜晚,他量好米,添好水,在小灶里煮米粥,一边读书,一边续柴。等一锅米粥煮好了,时间已过子夜,他才和衣睡去。第二天清早起来,锅里的米粥凉透了,凝固成圆圆的一块儿。他拿出小刀,在凝固的粥块上面,画上一个"十"字,完整的一锅粥分成了四块。早晨吃两块,傍晚吃两块,一日两餐,这便是"划粥"。范仲淹吃饭时,把野菜切成碎末,加入一点盐搅拌搅拌,这便是"断齑"。"划粥断齑"后成了勤奋好学的代名词。

梅兰芳驯鸽练眼功

梅兰芳(1894—1961年)是中国著名的京剧表演艺术家。可他年幼时,两只眼睛微带近视,眼皮下垂,眼神不能外露,有时迎风还会流泪,眼珠转动也不灵活。这对于一个京剧演员来说,是个致命的缺陷。

为了练眼功,梅兰芳养起了鸽子。每天天刚蒙蒙亮,梅兰芳就起床,打开鸽子窝,把一队队鸽子放飞出去。鸽子飞得很高,他用尽目力去辨别哪些鸽子是自己的，哪些是别家的。这是非常困难的事情。他的眼睛老随着鸽子转，越望越远，仿佛要望到天的尽头，望到云层的上面去……

天天这样，数年以后，不知不觉中，梅兰芳的近视便治好了。

祖冲之成就不止在数学

祖冲之（429—500年）推算的圆周率在3.1415926和3.1415927之间。在世界上，他第一次把圆周率的准确数值，计算到小数点以后的7位数字，比欧洲要早1000多年。因此日本有位数学家曾建议把圆周率改称"祖率"。除了众所周知的数学成就，他还对历法和机械很有研究，编制了《大明历》，测定了回归年的天数，即两年的冬至点之间的时间，跟现代天文科学测得的结果只差50秒。另外，他还发明了水碓磨、千里船、指南车。他还是一位研究经书和诸子百家学说的学者，注释过《老子》《周易》《论语》《孝经》等书。

旷世奇才——达·芬奇

提起大名鼎鼎的达·芬奇，多数人只知道他是欧洲文艺复兴时期最伟大的画家之一，想起他笔下的世界名画《蒙娜丽莎》和《最后的晚餐》。很多人不知道的是，他还是一位很有成就的自然科学家、作家和工程师。

在数学方面，我们使用的加减号就是他发明的，他还留下过不少立体几何方面的论述；在解剖学方面，他著有6本专著，是生理解剖学的先驱；在物理学方面，发现了惯性原理，发展了液压联通理论和杠杆原理。他在天文、水利、建筑等方面也有建树；他曾经制造过飞行器，并能让它在低空飞行；也曾设计过蒸汽机；他还是位作家，著有幻想小说《东方游记》，写过不少寓言和诗歌。同时代人称赞他是一位"完全的人"。

事上磨炼

王守仁（1472—1529年），亦称王阳明，是明代思想家、文学家、哲学家和军事家。他在12岁的时候，就问他的私塾老师，什么叫作人生第一等事，老师说："读书当状元。"王阳明反驳老师，读书当状元不是第一等事，读书当圣贤才是第一等事。

1493年春天，他第一次参加全国会试，结果落第了。因他是当朝状元公王华之子，京城里的一些达官贵人就到王宅里去安慰他，甚至连宰相李西涯都来了。李宰相安慰他："汝今岁不第，来科必为状元，试做来科状元赋。"王阳明也真不含糊，提起笔来就写了一篇，以至在座的诸位大佬，连连惊叹："天才！天才！"

1496年，王阳明第二次参加了大明王朝举子们的全国会试。结束后，又榜上无名。当时跟王阳明同舍的一位考生也落第了，感到无脸见人，王阳明安慰他说："世以不得第为耻，吾以不得第动心为耻。"

吴又可专攻温病

吴又可（1582—1652年），明末医学家，温病学说形成的奠基人。

明朝末年，山东、江苏和浙江等省疫病流行。不少医家出于职业道德，热心为病人治病，可是却错误地用治疗伤寒的方法来治这种疫病，结果死去的人难以计数。吴又可决心对疫病做深入细致的研究和探索。

在研究和探索中，吴又可大胆认为，先代医家张仲景虽写了《伤寒论》，可只是针对一般外感来的，和瘟疫迥然不同，要跳出只在伤寒学的注释上转圈圈的窠臼。对于传染病的病因，他认为"既非风寒所致，也非最热流成的，而是天地间不同寻常的气导致的"。对于所谓的"异气"，他又称为"戾气"或"杂气"。他认为"戾气"的种类很多，只有某一种特点的"戾气"才能诱发出这种特定的疾病。他还进一步肯定"戾气又是疔疮、痈疽、丹毒、发斑、痘疹之类外科和儿科病症"的原因。这种把传染病的病因和外科、小儿科传染病感染疾患的病因，都看成是由于"戾气"引起的见解，对于外科、小儿科疾患感染的防治，具有重要的理论和实践意义。吴又可根据自己长期对温病的观察和研究所取得的经验，写成了《温疫论》，书中提出了一整套有关传染病的新思想和新学说，为温病学说的形成奠定了基础。

卫兴华：不唯上、不唯书、不唯风、不唯众

卫兴华，1925年10月生。1952年在中国人民大学毕业后，留校从事政治经济学专业的教学与研究工作。卫兴华当老师和别人不同，他不喜欢简单地传授知识，他要教的是"独立思考的能力"。早在20世纪50年代，我国引进苏联的《政治经济学》教科书作为权威性著作，当时，卫兴华还是一名年轻教师，他就直面问题，对这本教科书提出三点不同意见。最终，这三点意见均被国内学界认同。

随着改革的推进和深入，一系列新的理论和实践问题提了出来，经济理念与社会实践的结合日趋紧密，卫兴华研究内容也逐步扩大。在继续研究马克思的基本理论与方法的同时，他的研究领域更多地转向社会主义商品经济和市场经济理论、收入分配理论、公平与效率理论、中国特色社会主义经济理论等领域。研究中，他始终坚持"不唯上、不唯书、不唯风、不唯众、只唯实"的态度，实事求是，追求真理。发表文章900余篇，出版著作40余部，成为中国最多产的经济学家之一。在中华人民共和国成立70周年前夕，党和人民授予他"人民教育家"国家荣誉称号。

美德格言警句

◆ 学而时习之,不亦说乎。 ——《论语》

◇ 敏而好学,不耻下问。 ——《论语》

◆ 逝者如斯夫,不舍昼夜。 ——孔子

◇ 读书破万卷,下笔如有神。 ——杜甫

◆ 博学而笃志,切问而近思。 ——《论语》

◇ 不积跬步,无以至千里。不积小流,无以成江海。 ——荀子

◆ 半亩方塘一鉴开,天光云影共徘徊。问渠那得清如许?为有源头活水来。
——朱熹

◇ 读书譬如饮食,从容咀嚼,其味必长;大嚼大咀,终不知味也。 ——朱熹

◆ 书犹药也,善读之可医愚。 ——古语

◇ 书不可不成诵,或在马上,或在中夜不寝时,咏其文,思其义,所得多矣。
——司马光

◆ 选定主攻目标,以期学有专长,由专向博是很自然的。非博不能成专,专的要求,又促使他非博不可。 ——夏承焘

◇ 君子博学而日参省乎己,则知明而行无过矣。 ——荀子

◆ 旧书不厌百回读,熟读深思理自知。 ——谢觉哉

◇ 光是说不行,要紧的是做。 ——鲁迅

◆ 博观而约取,厚积而薄发。 ——苏轼

◇ 知之真切笃实处即是行,行之明觉精察处即是知。 ——王阳明

◆ 读书百遍,其义自见。 ——陈寿

◇ 成功 = 艰苦的劳动 + 正确的方法 + 少谈空话。 ——爱因斯坦

◆ 天才是百分之一的灵感,再加上百分之九十九的汗水。 ——爱迪生

◇ 所谓天才人物,指的就是具有毅力的人、勤奋的人、入迷的人和忘我的人。
——木村久一

美德知识小检测

建议：初中阶段做判断题，高中阶段做选择题。

（一）判断题（正确的打"√"，错误的打"×"）

（　　）1. 只要把考试的内容学好就行了，两耳不闻窗外事，其他的一律不管。

（　　）2. 文凭是敲门砖，重要，但能力更重要，如交往能力、与他人共事的能力、管理和解决冲突的能力等。

（　　）3. 学会认知中，要注意培养自己的注意力、记忆力和思维能力。

（　　）4. 如果一个人通过积极参加社会活动进行学习，并于必要时在改造社会中承担起个人的责任，他就会充分地实现自己在社会各方面的潜力。

（　　）5. 现在是技术时代，技术至上，其他方面如品德等可以不在乎。

（　　）6. 人永远不会变成一个完人，他的生存是一个无止境的完善过程和学习过程。

（　　）7. 未来的学习必须把教育的对象变成自己教育自己的主体，受教育的人必须成为教育他自己的人。

（　　）8. 创造性活动时，既要密切注意每一个人的独特性，又不要忽视它也是一种集体活动。

（　　）9. 鼓励一个人去发挥他的才能和个人表达方式，而不能助长他的个人主义。

（　　）10. 科学训练和培养科学精神乃是当前学习的主要目的之一。

（二）选择题（1~2题是单选题，3~10题是多选题）

1.（　　）是在反复熟记学习材料的过程中不断重现已学知识的一种学习方法，它对帮助记忆很有作用。

  A. 尝试回忆法　　B. 集中学习法　　C. 分散学习法　　D. 有效学习法

2. 顿悟是指瞬间对知识的理解领悟，属于下面哪个阶段的现象？（　　）

  A. 孕育阶段　　B. 明朗阶段　　C. 验证阶段　　D. 准备阶段

047

3.《说文解字》把"学"解释为觉悟,下面属于觉悟的是(   )。

　　A. 人生以服务为目的　　　　B. 饶人不是痴汉,痴汉不会饶人

　　C. 帮助别人就是帮助自己　　D. 人不为己,天诛地灭

4. 以下哪些选项属于创新的品质(   )。

　　A. 批判思维　　B. 个性　　C. 勇气　　D. 热情

5. 合理安排学习时间体现在对以下哪些"边角料时间"的合理利用上(   )。

　　A. 午餐时间　　B. 等待的时间　　C. 睡眠时间　　D. 上下班时间或旅途时间

6. 仿生法是人们利用得较早的创造技法,下列发明利用了仿生法的是(   )。

　　A. 受丝茅草启发发明了锯　　　　B. 受蜻蜓的启发发明了直升机

　　C. 受鹰嘴的启发发明了大力钳　　D. 受鱼的启发发明了潜水艇

7. 发散思维是从给定的信息中产生信息,其着重点是从同一的来源中产生各种各样的、为数众多的输出,其特点包括(   )。

　　A. 多端　　B. 灵活　　C. 精细　　D. 新颖

8. 创新思维是在一定知识、经验和智力的基础上,灵活运用各种思维方法,创造新的思维成果的思维活动。创新思维是(   )。

　　A. 求同性思维　B. 求异性思维　C. 整合性思维　D. 联想性思维

9. 下面的学习方法出自《论语》一书的是(   )。

　　A. 知之者不如好之者,好之者不如乐之者

　　B. 知之为知之,不知为不知,是知也

　　C. 人一能之己百之,人十能之己千之

　　D. 温故而知新

10. 学习一方面要扬善,一方面要改过。下面含有"改过"的句子是(   )。

　　A. 择其善者而从之,其不善者而改之

　　B. 有颜回者好学,不迁怒,不贰过

　　C. 见贤思齐焉,见不贤而内自省也

　　D. 其身正,不令而行,其身不正,虽令不从

美德越辨越明

建议：初一选择第1、2个问题，初二选择第3个问题，高一选择第4、5个问题，高二选择第6个问题。

1. 有的同学一回到家，就叫家长给他手机或要打开电脑，说学习要跟上时代，网上资料丰富，能开阔视野。有的家长表示反对，认为学生自控能力差、辨识能力不强，上网的负面影响多于正面效果，且会对眼睛造成伤害。

    对此，你怎样看？请说出你的理由。

2. 小张很喜欢课外书，时常把课外书拿到教室，有时间就看看。有老师看到了对他说，现在学习任务重，还要升学，看这些课外书不能提高分数，叫他收起来，不要拿到学校。小张很困惑，现在提倡博学，加强阅读，为什么一看课外书就不允许呢？

    对此，你怎样看？请议一议，辨一辩。

3. 有人赞成《中庸》"人一能之己百之，人十能之己千之。果能此道矣，虽愚必明，虽柔必强"的观点，认为只要功夫深，铁杵磨成针；有人认为这是不会学的表现，不讲求方法，死记硬背，只能事倍功半。

    对此，你是怎么认为的呢？请相互议一议。

4.学习上有个木桶理论,其理论认为一个人的发展如同木桶盛水,盛水多少不取决于长的一块,而取决于最短的一块,也就是说一个人想要成长,就要弥补自己的短板。另有一个理论为长板理论,其理论认为,当木桶倾斜时,发现盛水最多的却是最长的一块,用于人的发展,不是弥补不足,而是要专注于发展自己的特长。

这两种学习理论,你赞同哪一种?请说出理由。

5.对于课堂学习,有的同学希望教师把课堂搞热闹一点,多组织大家讨论、辩论、表演,时常运用多媒体等;有的同学认为学习需要安静,课堂热闹往往会流于表面,难以产生深度学习。

对此,你赞同哪一种观点?请说出理由。

6.有人认为,知识越多越容易创新,见多识广,能激活思维,故要博学。有人认为,创新更与想象力有关,想象力比知识更重要,知识多了,反而产生知识障,不利于创新。

对于这两种观点,你倾向哪一种呢?请说出理由。

美德我践行

建议：初中阶段践行前4项活动，高中阶段践行后4项活动。践行中，不必局限于以下设计的活动内容，可根据实际情况，自行拟订活动内容来践行。

1. 学习不仅是手段，也是目的。这个观点可理解为，不能把学习作为追求升学的手段而废寝忘食，享受学习过程本身也是目的，需要快乐学习、有意义地学习。请与家长一起，拟出快乐学习、有意义学习的5条内容来进行践行。

2. 家长告诉孩子一些名人的学习方法，以优化孩子的学习。与孩子一起，拟订一个学习计划，包括乐学、博学的内容等，并督促孩子践行。

3. 找出班上或学校5个成绩优秀的同学，问问他们是如何高效学习的，拟出几条值得学习的经验来践行。

4. 科学发现，学习与睡眠、体育运动、娱乐、环境、各个感官参与等密切相关。请你查资料，写出5条科学学习的方法并践行。

5. 培养孩子学习的自主性已越来越重要，它是一个孩子学习优异及可持续发展的关键，也是创新能力必备的一个重要素质。在家校携手中，请家长收集培养孩子学习自主性的相关文章，让孩子读后一起拟出培养学习自主性的5条要求，并督促孩子践行。

6. 挖掘学生潜能，发挥学生特长，并将其作为生涯规划的重要参考已成为当前教育的共识。请家长与孩子一起，分析孩子的潜能或特长，并拟订计划培养。

7. 上网学习势不可挡，但也带来了许多负面的影响，请你在把握学的要旨的情况下，拟订如何避免上网学习所带来的负面影响的5条要求来践行。

8. 现代社会，"学"的创新性发展强调对实践能力与创新精神的培养、对新技术的运用、学习的科学性，以及终身学习等。请你想一想，中学生应该如何优化自己的学习观，拟出几条做法并践行。

美德大家评

建议： 初中阶段选 1~10 条的内容，高中阶段选 11~20 条的内容进行评价。每学年选 4~5 条，也可自己拟订一些内容来践行并评价。

|班级| |姓名| |日期|

评价方式	评价内容			
	自我评	小组评	班级评	家长评
1. 读书时要眼到、耳到、口到、手到、心到				
2. 有问题及时向教师、同学请教				
3. 积极参加学校的兴趣小组或社团活动				
4. 能随时随地学习，不分课内外、校内外				
5. 时不我待，珍惜时间				
6. 根据艾宾浩斯遗忘曲线及时复习				
7. 有买书、借书的习惯				
8. 把错题写在改错本上				
9. 养成边学边做笔记的习惯				
10. 时常上书店、图书馆学习				
11. 做好每一次实验，培养动手能力				
12. 能按照说明书安装物品				
13. 遇到疑问有查资料的习惯				
14. 遇到不懂的地方，坚持"打破砂锅问到底"				
15. 做事自始至终，坚持到底				
16. 主动与人探讨，能敏锐地抓住对方的观点				
17. 学习中始终感到快乐				
18. 与人辩论时，能清晰地表达自己的观点				

|续表|

评价方式	评价内容			
	自我评	小组评	班级评	家长评
19. 未经审思辨析，不轻易对别人的观点表示反对与赞同				
20. 不断改进学习方法，不断有新点子出现				

注：1. 请在后面4个空栏里，每年自行拟订1条内容填上并实践。2. 评价等级为优、良、中三种。

本章"美德知识小检测"参考答案如下：

一、判断题 1.× 2.√ 3.√ 4.√ 5.× 6.√ 7.√ 8.√ 9.√ 10.√

二、选择题 1.A 2.B 3.ABC 4.ABCD 5.ABD 6.ABCD 7.ABCD 8.BCD 9.ABD 10.ABC

第四章 志

"志不立，天下无可成之事。"朱熹称志为"心之所向"，叶适则认为"志者，人之主也，如射之的也"，可见"志"是心中追求的目标。有志者事竟成，志是推动和指引人们从事学习活动的内部动因，故人人当须立志。"三军可夺帅也，匹夫不可夺志也"，人岂能无志？"志"作为一个美德提出来，就是希望中学生皆能志向远大，志趣高雅，意志坚定；扬个性特长，做最好的自己。

美德我知道

"志"之解读

《说文解字》云:"志,意也。从心,之声。""意"谓情意。《尚书》云:"诗言志,歌永言。"《诗大序》:"诗者,志之所之。在心为志,发言为诗。"杜预曰:"为礼以制好、恶、喜、怒、哀、乐六志,使不过节。"以上引文中的"志",皆是情意的意思。情意之义当是"志"的最初义。

梳理古人对"志"这一美德的理解,主要有如下几个方面。

其一,作"志向""志趣"讲。《论语》中记载了孔子和弟子们的一段对话:"颜渊季路侍。子曰:'盍各言尔志?'子路曰:'愿车马衣轻裘与朋友共,敝之而无憾。'颜渊曰:'愿无伐善,无施劳。'子路曰:'愿闻子之志。'子曰:'老者安之,朋友信之,少者怀之。'"孔子与学生之间相互问"志",就是问志向、志趣。

其二,作"动机"讲。墨子说:"愿吾主君之合其志功而观焉。"这里,"志"是动机的意思,"功"可作效果讲。这句话的意思是说不能单凭表面现象进行判断,而要将其行为动机与取得的效果结合起来进行考察。

其三,作"目的方向"讲,有"趋向"和"期必"的意思。二程说"志者,心之所之也""志已坚定,则气不能动志",意思是说志是人发出的趋向与期望。行动的方向(志)坚定,则意气情感不能动摇它。

其四,作"意志"讲。"志不强者智不达",强者就是要有意志。意志是构成品德的重要因素,对人的活动起着支配和调节作用。"持其志,无暴其气"(《孟子》),意为用意志去支配、制约气,使人不意气用事。

"志"之演变

这里谈"立志"的演变。立志教育的首创者当数孔子。他继承了先代的大成,为后世的立志教育开创了一个良好的开端。比如说志于道,志于仁,志于学,"三军可夺帅，匹夫不可夺志也""博学而笃志""士志于道而耻恶衣恶食者，未足与议也"等。

孟子继承和发展孔子的立志，提出了立志与"养气"的关系问题。认为"气"是充满人身，能够影响肉体运动并反作用于心志的东西。人们通过"养气"，日积月累，就可以养成像圣人一样的浩然之气，从而形成至今在用的"志气"之说。

宋代朱熹认为立志要明确高尚、勇猛坚决，如救火治病，如撑水上船，一篙不可缓也。"立志要如饥渴之于饮食，才有悠悠，便是志不立。"与宋熹同时代的陆九渊提出，培养学生的识别能力对于立志教育至关重要，他说："人要有大志。常人汩没于声色富贵间，良心善性都蒙蔽了。今人如何便解得有志？须先有智识始得。"没有"智识"（知识和智慧），就容易沉溺于声色富贵中而失去志。失去了志，就不会再去致良知、恢复人本来善良的本性。如此可见，提高识别力对于立志来说是很重要的。

明清之际的王夫之提出了教人立志者先要立志的问题，而且教学者要"正其志"，要端正自己的志向。在教学上他强调学生要有"求通之志"，学习时要做好充分的心理准备，把志立在努力钻研上，还要有"自修之志"。

纵观历代儒者，都把"内圣外王"作为自己的立志人生理想，即树"圣人之志"。"圣人之志"就是既要使自己的思想符合人性本有的良知，达到内心的道德自觉，又使外在的行为符合社会的道德规范，实现德性与德行的统一。

今天，立志教育包括认识自我、确立目标、制订规划（乃至生涯规划）、坚持不懈等内容。它是自由教育和专业教育的统一，个体发展和社会发展的结合，不仅是一个结果，更是一个过程。立志，当如习近平总书记对青年人的殷切希望——"青年人要立志做大事"，志于改革开放，志于为实现共产主义的理想而奋斗，志于中华民族的伟大复兴，成为有理想、有道德、有文化、有纪律的社会主义建设者与接班人。

"志"之作用

立志是学习的动力之源，也是治学的基础。中国古代思想家、教育家从自己的实践中认识到，立志是推动和指引人们从事学习活动的内部动因。孔子不厌其烦地教导学生："三军可夺帅也，匹夫不可夺志也。"朱熹也说："立志不定，如何读书？"

立志是开发智力的重要心理条件。墨子说："志不强者智不达。"王夫之认为：

"志立则学思从之，故才日益而聪明盛。"现代心理学的研究也表明了这一点：人的志向愈远大，抱负层次愈高，就愈有力量，愈有成效，人也越聪明。

"立志"是成事的前提，有志者事竟成。王阳明曰："志不立，天下无可成之事。虽百工技艺，未有不本于志者。今学者旷废隳惰，玩岁愒时，而百无所成，皆由于志之未立也。"志向如同定盘星、指南针，关系着人生之路的方向与事业的成功。

当前，扶志也是扶贫攻坚战中的重要内容，志扶不起来，脱贫就没有内在动力。完全靠外部"输血"，终不能彻底脱贫。

"志"之要求

立志，不可盲目随众，当先了解自己的兴趣爱好、个性特长，尽量根据自己的爱好、特长发展自己的志趣。对自己有所认识后，结合社会需要，逐渐明志，确立志向。一旦确立志向，就不要三心二意，当笃志而行，百折不挠。在明志、笃志中，不断提升自己的思想境界和能力才干。

志趣

1. 从点滴做起，培养兴趣爱好。
2. 对世界充满好奇，多问"为什么"。
3. 自觉抵制不良嗜好。
4. 比较自己与他人不同之处，了解自己的个性与爱好。
5. 了解自己，看自己对哪些方面感兴趣，从中获得成就感。
6. 把个人的爱好与社会的需要结合起来。
7. 结合多元智能理论，了解自己的思维特点与认知方式。
8. 结合职业兴趣理论，看一看自己的人格类型是什么。

明志

1. 多闻、多看古圣前贤之言与行，能讲几个古今中外名人立志的故事。
2. 了解生涯规划方面的知识，初步拟订职业意向。

3. 立足于自身的爱好、特长，确立自己的志向。

4. 根据实际情况，调整自己的职业规划。

5. 立志真切，不随意立志。

6. 立志时结合自己的家庭背景、人脉资源。

7. 立长志，立大志，不常立志。

8. 明白实现志向所涉及的相关要求。

笃志

1. 不图虚名，心不浮躁。

2. 确立高考目标和心目中理想的大学，并为之不懈努力。

3. 选择正能量的偶像，从中得到激励。

4. 加强意志训练，正确对待困难和挫折，不轻易放弃。

5. 志贵单一，一心一意。

6. 树立正确的情感观，不因挫折而意志颓废。

7. 忠于志向，不为享受主义、拜金主义、精致利己主义等不良风气所动。

8. 穷且益坚，身处艰难气如虹；淡泊名利，行无愧怍心常坦。

志道

1. 遵守社会普遍的规则。

2. 天下兴亡，匹夫有责。

3. 为中华之崛起而读书，永远自强不息。

4. 厚德载物，提高自己的道德修养。

5. 明明德，亲民，止于至善。

6. 不以物喜，不以己悲。

7. 有志节之气概，如苏武之牧羊。

8. 把社会主义核心价值观内化于心，外化于行。

美德故事我来讲

本章的美德故事，《小沈括上山看桃花》《邓亚萍苦练球技》侧重于讲志趣，建议初一使用。《青蒿素——传统中医药献给世界的礼物》《罗活活：打工皇后》侧重于讲明志，建议初二使用。《根在农村》侧重于讲笃志，建议高一使用。《陶渊明不为五斗米折腰》《抗日民族英雄杨靖宇》侧重于讲志道，建议高二使用。

小沈括上山看桃花

沈括，北宋著名政治家、科学家。他是我国历史上最卓越的科学家之一，精通天文学、数学、物理学、化学、地质学、气象学、地理学、农学和医学。他从小就对身边的各种自然现象充满浓厚的兴趣。"人间四月芳菲尽，山寺桃花始盛开"，有一次读到这句诗时，小沈括的眉头凝成了一个结："为什么我们这里花都开败了，山上的桃花才开始盛开呢？"为了解开这个谜团，沈括约了几个小伙伴克服困难爬上高山实地考察，登上高山后，他发现四月的山上乍暖还寒，凉风袭来，冻得人瑟瑟发抖。小沈括茅塞顿开，原来山上的温度比山下要低很多，因此花季才来得比山下晚呀。凭借着这种求索精神和实证方法，长大以后的沈括写出了中国科学史上名垂千古的标志性著作——《梦溪笔谈》。

邓亚萍苦练球技

众所周知,邓亚萍从小就酷爱打乒乓球,她梦想着有朝一日能够在世界赛场上大显身手,却因为身材矮小、手腿粗短,被拒于国家队的大门之外。但她并没有气馁,而是把失败化为动力,苦练球技。持之以恒的努力终于催开了梦想的花蕾——她如愿以偿站上了世界冠军的领奖台。在她的运动生涯中,她总共斩获14个世界冠军和4枚奥运金牌。邓亚萍的出色成就,不仅为她自己带来了巨大的荣耀,也改变了世界乒坛只在高个子中选拔运动员的传统观念。

青蒿素——传统中医药献给世界的礼物

屠呦呦16岁那年,染上了肺结核,不得不中止学业。经过两年的求医问药,痊愈后得以返回学校。这次生病使她萌生一个志向,一生从事医学研究。

1969年,中国中医研究院接受抗疟药研究任务,屠呦呦任科技组组长。屠呦呦领导课题组从系统收集整理历代医籍、本草、民间方药入手,在收集2000余方药基础上,编写了640种药物为主的《抗疟单验方集》。对其中的200多种中药开展实验研究,利用现代医学和方法进行分析、不断改进提取方法,历经380多次失败,终于在1971年获得青蒿抗疟成功。这一医学发展史上的重大发现,每年在全世界,尤其在发展中国家,挽救了数以百万计疟疾患者的生命。

2015年12月,屠呦呦获得诺贝尔奖,她是第一位获得诺贝尔科学奖项的中国本土科学家、第一位获得诺贝尔生理学或医学奖的华人科学家。2019年成为共和国勋章获得者。

罗活活:打工皇后

罗活活生于1950年,出生后不久,父亲就意外去世了,她与母亲相依为命。幼小的活活有一个坚定的信念:好好念书,将来成就一番大事业来报答母亲的养育之恩。

1968年,罗活活高中毕业后来到了粤东的一个小山村,干起了粗活。但罗活活知道，越是在逆境中，就越要乐观自信。白天，罗活活不知疲倦地干农活，晚上，还要挑灯夜读。1977年，全国恢复高考。罗活活参加高考，考入梅县嘉应师专。从嘉应师专毕业后，罗活活又考入中山大学深造，毕业后回到母校任教。1985年调到省体委某杂志社当体育记者。1987年，38岁的罗活活辞掉工作，正式进入金利来中国服饰皮具有限公司，出任总经理。做到了从月薪320块钱的打工仔到年薪300万的打工皇后。

她说："一个人要把不可能变成可能，不是不可以的。"她就一直在做这样的努力。能支撑她走到现在，一是目标、愿望，二是自信、毅力。从1996年开始，她前前后后资助了数百名贫困学生，把爱心传递给更多人，给更多的人以励志。

根在农村

申纪兰（1929-2020年），女，山西省平顺县西沟村党总支副书记。第一届至第十三届全国人大代表。2019年，被授予共和国勋章。

1973年，申纪兰被调任山西省妇联主任，但这并没有给她带来欣喜，反而令她为难。她做出了出人意料的决定："不领工资，不转户口，不定级别，不坐专车。"任职期满的申纪兰没有申请退休享福，而是回到了西沟，为农民们寻找新的致富方向。

申纪兰80多岁时仍然生活在西沟。穿衣打扮与西沟农民并无差别。有人问她为何不居住在城里，申纪兰说："我是农民代表，只有生活在他们中间，才能了解他们的疾苦和需求，更好地为他们代言。"

陶渊明不为五斗米折腰

陶渊明淡泊功名，为官清正，不愿与腐败的官场同流合污，过着时隐时仕的生活。陶渊明最后一次做官，是义熙元年（405年）。那一年，已过不惑之年的陶渊明在朋友的劝说下，再次出任彭泽县令。到任八十余天，碰到浔阳郡派遣督邮来检查公务。浔阳郡的督邮刘云，以凶狠贪婪闻名远近，每年两次以巡视为名向所辖县索要贿赂,不给则栽赃陷害。县吏对陶渊明说"当束带迎之",就是应当穿戴整齐、备好礼品、恭恭敬敬地去迎接督邮。陶渊明叹道:"我岂能为五斗米向乡里小儿折腰。"意思是我怎能为了县令那五斗米薪俸,就低声下气去向这些小人贿赂献殷勤呢。说完,挂冠而去,辞职归乡。

抗日民族英雄杨靖宇

杨靖宇,1905年出生于河南省确山县。1931年"九一八"事变后,他任中共哈尔滨市委书记兼满洲省委军委代理书记,后任东北抗日联军第一军军长兼政治委员、东北抗日联军第一路军总司令兼政治委员。杨靖宇率部长期转战东南满大地,威震东北,配合了全国的抗日战争。中共六届六中全会曾致电以杨靖宇为代表的东北抗日武装,赞之为"冰天雪地里与敌周旋7年多的不怕困苦艰难奋斗之模范"。

1939年在东南满地区秋冬季反"讨伐"作战中,他与魏拯民等指挥部队化整为零、分散游击。自己率警卫旅转战于濛江一带,最后只身与敌周旋五昼夜。1940年2月23日在吉林濛江三道崴子壮烈牺牲,时年35岁。残忍的日军割头剖腹,发现他的胃里尽是枯草、树皮和棉絮,竟无一粒粮食,无不为之震惊。为纪念他,1946年东北民主联军通化支队改名为杨靖宇支队,濛江县改名为靖宇县。

美德格言警句

◆人若志趣不远，心不在焉，虽学无成。　　　　　　　　——张载

◇古之立大事者，不唯有超世之才，亦必有坚忍不拔之志。——苏轼

◆志不强者智不达，言不信者行不果。　　　　　　　　　——墨子

◇士不可以不弘毅，任重而道远。　　　　　　　　　　——《论语》

◆博学而笃志，切问而近思，仁在其中矣。　　　　　　——《论语》

◇志于道，据于德，依于仁，游于艺。　　　　　　　　　——孔子

◆志不立，天下无可成之事。　　　　　　　　　　　　——王阳明

◇志之难也，不在胜人，在自胜。　　　　　　　　　　　——韩非

◆志之所趋，无远弗届；穷山距海，不能限也。志之所向，无坚不入；锐兵精甲，不能御也。　　　　　　　　　　　　　　　　　　——《格言联璧》

◇丈夫为志，穷当益坚，老当益壮。　　　　　　　　——《后汉书》

◆有志者事竟成，破釜沉舟百二秦关终属楚；苦心人天不负，卧薪尝胆三千越甲可吞吴。　　　　　　　　　　　　　　　　　　　　——蒲松龄

◇志士仁人，无求生以害仁，有杀身以成仁。　　　　　——《论语》

◆无冥冥之志者，无昭昭之明，无惛惛之事者，无赫赫之功。——荀子

◇任何一种兴趣都包含着天性中有倾向性的呼声，也许还包含着一种处在原始状态中的天才的闪光。　　　　　　　　　　　　　　　——张洁

◆天行健，君子以自强不息。　　　　　　　　　　　　——《周易》

◇汝辈学问不得长进，只是未立志。　　　　　　　　——《传习录》

◆持志如心痛，一心在痛上，安有工夫说闲话，管闲事。——《传习录》

◇志不求易，事不避难。　　　　　　　　　　　　　——《后汉书》

◆志向是天才的幼苗，经过热爱劳动的双手培育，在肥田沃土里将成长为粗壮的大树。　　　　　　　　　　　　　　　　　　——苏霍姆林斯基

◇志向不过是记忆的奴隶，生气勃勃地降生，但却很难成长。
　　　　　　　　　　　　　　　　　　　　　　　　——莎士比亚

美德知识小检测

建议： 初中阶段做判断题，高中阶段做选择题。

（一）判断题（正确的打"√"，错误的打"×"）

（　　）1. "夫志，气之帅也"，说明了志是才气的统率，不能只追求才干而不谈志向。

（　　）2. 立志是一切开始的前提，青年要立志做大事，不要立志做大官。

（　　）3. 立志应从个人的爱好特长出发，把个人的理想融入到党和国家事业中。

（　　）4. 既然志存高远，那么一些小事就可以不在乎。

（　　）5. 为学最要紧的是立志，平时懈怠了，是因为自己的志还未真立。

（　　）6. 笃志如种树，只管耕耘，枝叶花实自在其中。

（　　）7. 志，一是向外修业精业，二是向内求正心诚意。

（　　）8. 一些学生进入学校后逐渐感到学习苦、学习累，甚至没有了乐趣，从某个角度来看，就是学习与志趣没有同步成长。

（　　）9. 励志教育，是应用教育心理学、教育激励学的重要内容，旨在激发和唤醒学生的内在动力，使学生从"被成长"中产生生命自觉，让学生用自己的力量成长，最终达到成人成才的目的。

（　　）10. 古人说"有志者事竟成"，是指确立了远大的志向后，就能够成功。

（二）选择题（1~4是单选题，5~8是多选题）

1. 对"非淡泊无以明志"一句理解不正确的是（　　）。

   A. 明志可以明心，可以更坚定自己需要什么，不需要什么

   B. 一个人利欲熏心，就不可能有远大的志向

   C. 淡泊了名利，就没有了追求，也不能确定自己的志向

2. 对"士志于道，而耻恶衣恶食者，未足与议也"一句理解不正确的是（　　）。

   A. 君子固穷，不贪图享受

   B. 志向当笃定高尚，不被利益所诱

C.一个人志于道，当锦衣玉食，不然就不会被羡慕和尊重

3.下面不属于"志当存高远"的是（　　）。

A.精益求精，用自己的一技之长报答社会

B.修身进业，报国安民

C.移民海外，安于享受

4.对于立志的说法正确的一项是（　　）。

A.立志是年少者之事，老了就用不着了

B.物随境迁，物换星移，根据不同的环境而变换志向

C.立志要结合自己的兴趣，不必随大流

5."凿井者，起于三寸之坎，以就万仞之深"，说明了"志"当（　　）。

A.勤于践行　　　　B.持之以恒　　　　C.宏深

6.王阳明说，学习者日用工夫只是"立志"，对这句话理解正确的有（　　）。

A.与朋友一起讲习，磨砺志向

B.多看书，从中汲取往圣先哲的做法

C.在为人处世中加以存养、练习

7.王阳明在《传习录》中言："善念发而知之，而充之，恶念发而知之，而遏之。知与充与遏者，志也，天聪明也。"对这句话的理解正确的有（　　）。

A.在实现自己的志向时，要不断地反省自己的动机、想法

B.不断地改过迁善，就能够更好地实现自己的志向

C."知"难以把握，善念恶念之说，迂阔唐突

8.对"玩物丧志"理解正确的有（　　）。

A.沉溺于自己偏好的事物中而忘了自己的志向

B.过分把玩文章的字句，而忽略了文章的思想感情

C.把玩喜好的东西时，丧失了自己的兴趣

美德越辨越明

建议： 初一选择第1、2个问题，初二选择第3个问题，高一选择第4个问题，高二选择第5个问题。

1. 小邹今年上初一，爸爸妈妈对他说："进入初中，学习任务重得多了，从今往后，你应该静下心来好好读书了！你对音乐的爱好，对足球的爱好，都应该停一停了。"小邹听了非常不高兴地说："为了学习，难道就要放弃我的爱好吗？"

小邹与他父母的观点不同，如果你是小邹的父母，怎么说服他？如果你是小邹，怎么说服父母？请议一议。

2. 初二的李明同学学习积极性不高，老师找他交流，他告诉老师，学习这么苦，没多大意思。老师告诉他，有这样的想法，多是因为自己没有理想（志），缺乏学习的动力。李明说："我还小，有必要这么早就定下自己的理想吗？即使定了，今后也会随时变化，没必要现在就定什么志向理想！"对此有人认为，立志宜早，早立志，早成就人；有人认为，还没有读万卷书、行万里路，所立的志很难说是志，且年纪小，人也不成熟，还是晚一点好，在大学立志也不迟。

对这两种观点，你是怎么看的？请在小组或班上阐述你的看法。

3. 有人说，不想当将军的士兵不是一个好士兵。有人说，我一辈子就是想当好一个兵。对此，有同学称赞想当将军的士兵，说他志向远大，而看不起一辈子只想当好一个兵的人，说他没有志向。

对此，你是怎么认识的？请议一议，辩一辩。

4.1985年，陆步轩以长安区文科状元的成绩考入北京大学中文系。1989年毕业分配至长安区柴油机厂工作。后柴油机厂倒闭，失业了。他下海经商，先后做过多种职业，后操刀卖肉，以"眼镜肉店"老板的身份闻名，写过《猪肉营销学》《北大屠夫》两本书。2013年4月，受邀回母校北大演讲。

有人说北大学子陆步轩屈从于现实，放弃了自己原来的理想而操刀卖肉，是志不笃的表现。有人觉得陆步轩做得对，此路不通何妨另走一路，三百六十行，行行出状元。你赞成哪种观点呢？请议一议，辩一辩。

5. 对于自己的志向，有人觉得"穷则独善其身，达则兼善天下"，有条件实现的时候就去实现，环境恶劣，窘迫时就独善其身。有人觉得既立了志，当越是艰难越向前，百折不挠，岂能独善其身？

对此，你赞同哪一种观点？请议一议，辩一辩。

美德我践行

建议： 初中阶段践行前 4 项活动，高中阶段践行后 4 项活动。在践行过程中，不必局限于以下设计的活动内容，可根据实际情况，自行拟订活动要求并践行。

1. "持志如心痛，一心在痛上，安有工夫说闲话，管闲事。"一般人有了目标，却往往三天打鱼，两天晒网，过了一段时间就忘了，人也松懈下来。请你与父母一道拟出 6 条有利于坚持的做法并践行。

2. 读一读有关名人志趣、明志、笃志、志道的故事，并从中找到一个自己想要学习的榜样，拟出 6 条向其学习的地方并践行之。

3. 从近年来感动中国的人物中选择几位进行分析，拟出 5 条对你立志有帮助的内容并践行。

4. "人之学不进，只是不勇"，同学们请主动与父母交流，根据父母的意见或建议，制订一份克服××困难的计划并践行。

5. 主动与父母探讨"如何实现人生价值的最优化",同时结合父母的人生经历初步制订一份生涯规划。

6.《学记》指出,"相观而善之谓摩",意指多与志同道合者一起探讨,砥砺德业,这有助于"志"的生长。请你在把握"志"的精神的情况下,选择几个志同道合者,拟出5条与他们保持亲密关系并能深入探讨的做法,并践行。

7. "登高必自卑",就是说登山是从低处开始的。实现志如同登山,志如同在山顶,要上山顶当从山脚行起,也就是从小事做起、从自身做起。热爱人民是大志,当先从热爱身边的同学做起,因为身边的同学也是"人民"之一。不爱身边的同学,遑论爱人民?请你在把握"志"的精神的情况下,将此创造性地转化到平日善待同学的行为中,拟出善待同学的7条做法并践行。

8. 玩物丧志,警钟长鸣。现代社会对人的诱惑有很多,一些人把持不住,沉溺其中,逐渐没有了志向,开始浑浑噩噩地过日子。根据你所了解的情况,想一想有哪些"现代之物"容易使人丧失志向,请你在把握"志"的精神的情况下,有针对性地拟出5条措施,并与他人一起践行。

美德大家评

建议： 初中阶段选 1~10 条的内容，高中阶段选 11~20 条的内容进行评价。每学年选 4~5 条内容，也可自行拟订其他内容来践行并评价。

|班级| |姓名| |日期|

评价方式	评价内容			
	自我评	小组评	班级评	家长评
1. 对学习持续充满兴趣，对世界始终充满好奇				
2. 能了解自己的个性、爱好、特长				
3. 能发现自己与他人的不同之处				
4. 热爱生活，对新的事物有探知欲				
5. 了解生涯规划的相关知识				
6. 有初步的职业意向				
7. 了解一些有关自己喜欢的职业方面的内容				
8. 具备一些有关自己喜欢的职业方面的素质				
9. 珍惜时间，打好文化方面的基础				
10. 努力发展自己的爱好、特长				
11. 分解目标到每一年、每一月、每一周				
12. 根据实际情况，修正与完善自己的目标				
13. 确定自己想考的大学				
14. 遇到坎坷时想办法解决，不轻易动摇拟订的目标				
15. 比较清楚自己的职业意向				
16. 追求公平公正，有理想有信念				
17. 与朋友相互切磋学习，"相观而善"				

|续表|

评价方式	评价内容			
	自我评	小组评	班级评	家长评
18. 自觉抵制享受主义、拜金主义、精致利己主义等不良风气				
19. 学习上勇猛精进				
20. 努力践行24字社会主义核心价值观				

注：1. 请在后面4个空栏里，每年自行拟订1条内容填上并实践。2. 评价等级为优、良、中三种。

本章"美德知识小检测"参考答案如下：

一、判断题 1.√ 2.√ 3.√ 4.× 5.√ 6.√ 7.√ 8.√ 9.√ 10.×

二、选择题 1.C 2.C 3.C 4.C 5.ABC 6.ABC 7.AB 8.AB

第五章 信

　　个人无信不立，企业无信不旺，政府无信不威，国家无信不强。信，是现代社会文明之基。"人言为信"，意"人"之"言"必须信实。如果人言不信实，那就会谎言遍地，人与人之间无法正常交往，社会就会乱套。故现在不仅要弘扬传统的"诚信"美德，更要大力推进以个人为基础、企业为重点、政府为关键的现代"信用"建设。对于"信"这个美德，中学生应该做到：诚不欺，讲信用；言必信，行必果；重规则，守契约。

美德我知道

"信"之解读

"信",会意字,从人,从言;本义是真心诚意。《说文解字》认为"人言为信",意"人"之"言"必须信实。袁采认为:"有所许诺,纤毫必偿;有所期约,时刻不易,所谓信也。"程颐认为:"以实之谓信。"可见,"信"就是要求人们说话诚实可靠,不说大话、空话、假话;言行一致、诚实不欺;守信践诺。

"信"往往与"诚"连在一起。"诚"是"言"与"成"的组合,意"言"之"成",即主现与客观一致,说的话能得到兑现。"信"与"诚"从道德角度看,可以说是同义等值的概念,故许慎在《说文解字》云:"诚,信也。""信,诚也。"仔细审视,"诚"与"信"之间还是存在一些区别。一般而言,"诚"即诚实诚恳,主要指主体真诚的道德品质;"信"即信用信任,主要指主体真诚品质的外化。"诚"更多地指"内诚于心","信"则侧重于"外信于人"。

"诚"与"信"也是密不可分的:诚是信的基础,信需要通过诚来加以确认。有的古人还把"诚"当作本体论来认识,认为诚是一切道德原则和一切道德行为的根本。如孟子曰"诚者,天之道也;思诚者,人之道也",周敦颐讲"诚,五常之本,百行之源也",即是此意。

"信"之演变

春秋以前是传统诚信观的萌芽期。这个时期主要指上古时代和夏商周三代。最初取"信"的对象是上天和先祖,人们祭祀之时,要求向上天和先祖所说的要诚实不欺,后成为对为政之人的要求。

春秋至战国是传统诚信观的形成时期。诸子百家意识到了诚信的重要性,并对诚信问题进行了比较深入的分析和系统的阐述,完成了中国传统诚信观的主要架构,形成了传统中国社会具体的诚信道德规范。孔子认为"信"是个人立身处世的重要前提,是交朋处友的重要原则，是从政治国的基本准则。荀子将"诚"与"信"由家庭伦理、朋友伦理扩展到一般的交际伦理。

秦汉是传统诚信观的规范化时期。它继承和发扬了先秦儒家的诚信思想，尤其把"信"德作为封建统治者大力提倡的根本的道德规范，对中国封建社会产生了深远影响。宋明是传统诚信观的哲理化时期。宋明理学家认为"诚"既是天之道，也是人之性，是连接天人的哲学本体范畴，故而专以论"诚"为要务。明末至清代是传统诚信观的实用化时期，主张信义与利益的兼顾。"立人之道曰义，生人之用曰利"，既说明了利益的道德性，又指出义利的兼容性。

而今，诚信成为社会主义核心价值观之一。在对传统诚信的批判继承上，汲取了有诚意、讲信用、"言必行，行必果"、表里如一等精华内容。结合时代精神，去掉了单向的、片面的诚信观，倡导平等互信、上下互信，讲诚信是双方的义务。为了发展经济，将诚信精神转化到商业行为，提出了要守规则，重契约，并把守规则、重契约精神扩大到更多的领域。2014年，国务院印发了《社会信用体系建设规划纲要（2014—2020年）》，从国家层面上提出了社会信用体系建设，足见国家对诚信建设的重视。

"信"之作用

诚信是立人之本。子曰："人而无信，不知其可。"认为人若不讲信用，在社会上就无立足之地，什么事情也做不成。诚信也是涵养人心灵的良药。古语云："反身而诚，乐莫大焉。"只有做到真诚无伪，才可内心无愧、坦然宁静，给人带来最大的精神快乐。

诚信是交友之基。只有"与朋友交，言而有信"，才能达到"朋友信之"。否则，朋友之间充满虚伪、欺骗，就绝不会交到真正的朋友。

诚信是齐家之道。唐代著名大臣魏征说："夫妇有恩矣，不诚则离。"夫妻再好，也要讲诚信。父子、兄弟之间亦如此，要以诚相待，诚实守信，才能和睦相处。

诚信是为政之法。《左传》云："信，国之宝也。"孔子在"足食""足兵""民信"三者中，宁肯"去兵""去食"，也要坚持保留"民信"，是因为他意识到，诚信是治国的根本法宝。

诚信还是兴业、经商之魂。在现代社会，商人在签订合约时，都会期望对方信守合约。可见，诚信是各种商业活动最佳的竞争手段，是市场经济的灵魂，是企业家的一张真正的"金质名片"。

诚信还是文化交往之桥，凝聚海外人力的法宝；也是社会文明之基，强国的主要文化力。今天，我们要在把握诚信的现代内涵基础上，充分认识到诚信在中华民族伟大复兴中的基础地位和作用，大力加强诚信建设，从而构建起中国特色社会主义的诚信大厦。

"信"之要求

中学生要自觉加强诚信教育，首先要做到信实，"知之为知之，不知为不知，是知也"，也就是知道多少说多少，不说谎，不弄虚作假，不歪曲事实。然后要做到守信，遵守诺言，说话算数。守信，为的是取信他人，对于他人，则当信任。当然，信任是相互的。在今天，"信"还有了守契约、重规则的时代内涵。

信实

1. 与老师交流时，不隐瞒真实情况。
2. 同学之间真诚相待，不说谎话。如向同学借钱时，不撒谎等。
3. 与家人真诚相待。如向父母要钱、借手机时不说假话，不欺骗家长。
4. 知之为知之，不知为不知。
5. 对违纪犯错的行为或人不掩饰、不包庇。
6. 做到慎独，老师、家长在与不在一个样。
7. 不投机取巧，不弄虚作假。
8. 实事求是评价自己，不拔高，不贬低。
9. 实事求是评价他人。
10. 据实填写相关信息。

守信

1. 信守诺言，说话算数。

2. 不轻易做出承诺，不承诺做不到的事。

3. 遇到意外或困难不能守信时，及时与对方沟通并表达歉意。

4. 与别人约定了时间，按时前往。

5. 看到有同学不讲信用时，委婉提醒。

6. 为了守诺，可叫别人作证，一起监督自己。

7. 一时不能完成诺言，延后也要兑现。

8. 借别人的钱要及时归还。

9. 学校开展的某些主题活动，若自己宣誓签名了，请时时记住并践行。

10. 记下与人的约定，并放在显著位置提醒自己。

信任

1. 慷慨赞美他人的言行。

2. 宽以待人，不斤斤计较。

3. 看见他人遇到困难时，尽可能提供帮助。

4. 投之以桃，报之以李。

5. 去掉虚假、欺骗的行为，开诚布公、心胸坦诚地与对方沟通。

6. 勇于承认错误，同时做好接受批评的思想准备。

7. 要勇于改正错误，并设法弥补对方损失，以期重获信任。

8. 信任他人，对他人的缺点能包容。

9. 给信任的人更多的权利。

10. 信任他人，并时常给他人指导。

守契约、重规则

1. 给自己建立一个诚信档案。

2. 按学校规定，不带手机到学校。

3. 遵守《中学生守则》。

4. 遵守班级规定或班级公约。

5. 遵守交通秩序。

6. 公共场合不打闹嬉戏。

7. 看比赛或演出时文明有序。

8. 诚信考试。

9. 尊重他人,在出于自愿的情况下与人约定。

10. 诚信上网,自觉遵守上网的相关规定。

美德故事我来讲

本章的美德故事,《诚实的晏殊》《季羡林看行李》侧重讲信实之理,建议初一使用。《泉源不清则流水难清》《阴霾散去见阳光》侧重讲守信之理,建议初二使用。《孔子误会颜回》《运斤成风》侧重讲信任之理,建议高一使用。《君子不乘人之危》侧重于讲"信"的守契约、重规则、慎独之理,建议高二使用。

诚实的晏殊

北宋词人晏殊在他十四岁时,有人把他作为神童举荐给宋真宗。宋真宗召见了他,并要他与一千多名进士同时参加考试。结果晏殊发现试题是自己十天前刚练习过的,就如实向宋真宗报告,并请求改换其他题目。宋真宗非常赞赏晏殊的诚实品质,便赐给他"同进士出身"。晏殊当职时,正值天下太平,京城的大小官员便经常到郊外游玩或在城内的酒楼茶馆举行各种宴会。晏殊则在家里和兄弟们读写文章。有一天,宋真宗提升晏殊为辅佐太子读书的东宫官,并说:"近来群臣经常游玩饮宴,只有晏殊闭门读书,如此自重谨慎,正是东宫官合适的人选。"晏殊谢恩后说:"我其实也是个喜欢游玩饮宴的人,只是家贫而已。若我有钱,也早就参与宴游了。"这两件事,使晏殊在群臣面前树立起了信誉,宋真宗也就更加信任他了。

季羡林看行李

20世纪80年代的一个秋季,北京大学开学了。有一位新生在火车站没有搭上校车,只好自己乘公交车来到北京大学南门。他拿了这个掉了那个,在手忙脚乱之际,看到一个头发花白的老人家,就大声招呼:"老师傅,您好!我要到系里报到,一会儿就回来,帮帮忙,照看下行李好不好?"老人家满口答应了,站在路旁帮着看起了行李。这位新生放心地把大件行李交给老人家后,自己轻装上阵去系里报到。办好了入学手续，领好了生活用品，这位新生来到了宿舍……一晃几个小时过去了。突然，这位新生想起自己的一部分行李还在学校南门，跑去南门一看，那个老人家还在那儿老老实实地照看行李呢！这位新生赶紧给老人家道歉，老人家没有说一句抱怨话便离开了。

过了几天，学校举行开学典礼。主持人一个个地介绍主席台上就座的学校领导，当主持人介绍到季羡林副校长时，那位新生的眼睛直了：这不是那天在学校南门替自己照看行李的老人家吗！

泉源不清则流水难清

贞观初年，有人向唐太宗上书，请求清除朝廷中的"奸臣"。唐太宗对此事很重视，亲自召见上书人，当面对他说："我所任用的大臣，都是贤良之臣，你知道谁是奸臣？"上书人说："我居住在民间，不知道谁是奸臣。但我有一条妙计，请陛下试试，一定能让奸臣露出原形。"太宗问他是什么妙计，那人回答说："陛下与群臣讨论国家大事时，故意坚持一种错误意见，并乘机大发雷霆。这时那些不畏龙颜震怒，坚持真理，敢于直言正谏，不怕斧钺之诛的人，便是直臣；反之，畏惧陛下的威严，只顾身家性命，依顺陛下心意、迎合旨意的人，便是奸臣。"

太宗听了不以为然，对此人说道："流水是否清浊，关键在于源头。君主是施政发令之源，臣民好比流水，泉源混浊而想使流水清澈，那是不可能之事。帝王自己玩弄、施行奸诈之计，怎能使臣民正直、诚信呢？魏武帝曹操机警过人，常多用诡计，我看不起他的为人。如果我也像他那样去做，如何再去指责别人、施行教化呢？"

阴霾散去见阳光

在晋城乡村,每年麦收后,村民习惯将小麦寄存在附近的面粉厂,家里没面时,就拿着"兑粮本"去面粉厂按比例换回面粉。

2010年8月,晋城遭遇强降雨,刘平桂和丈夫李继林的面粉加工厂里整包整包的小麦被1米多深的水淹没,库存的76万斤小麦完全失去食用和加工价值。大伙儿在带来安慰的同时,眼神也流露出"自家的小麦是否还有保障"的疑惑。刘平桂与李继林商量:还粮,不能将10年辛苦打拼的品牌扔掉,更不能将在乡亲们心中树立的信誉放弃。

还粮情况:受灾当年的2010年,偿还村民面粉19.5万斤; 2011年,偿还面粉12.6万斤;2013年9月,偿还面粉6.3万斤,"现在还欠乡亲27.8万斤小麦,折成面粉是22.3万斤"。到2016年,76万斤小麦已经还了70万斤。

刘平桂夫妇的事迹经媒体报道后,引起广泛关注,也为两人带来很多荣誉。几年间,他们先后获得了"晋城好人""感动山西十大人物""山西省道德模范""全国诚实守信模范"等荣誉称号。

孔子误会颜回

孔子周游列国时,曾因兵荒马乱,旅途困顿,三餐以野菜果腹,一行人已七日没吃到一粒米饭。

一天,颜回好不容易要到了一些白米来煮饭,饭快煮熟时,孔子看到颜回掀起锅盖,抓些白饭往嘴里塞。孔子当时装作没看见,也不去责问。饭煮好后,颜回请孔子进食,孔子假装若有所思地说:"我想把干净还没人吃过的米饭,先拿来祭祖先!"颜回顿时慌张起来说:"不可以的,这锅饭我已先吃一口了。"

孔子问为什么,颜回涨红脸,嗫嚅地说:"刚才在煮饭时,不小心掉了些

灰在锅里，染灰的白饭丢了太可惜，只好抓起来先吃了，我不是故意把饭吃了。"

孔子听了，恍然大悟，对自己的错误判断感到愧疚，抱歉地说："我平常对颜回最信任，但仍然还会怀疑他，可见我们内心是最难确定、稳定的。"

运斤成风

庄子送葬，经过惠子的墓地，回过头来对跟随的人说："郢地有个人在他自己的鼻尖上涂抹了白泥，那白泥像蚊蝇的翅膀那样大小，他让匠石用斧子砍削掉这一小白点。匠石挥动斧子呼呼作响，漫不经心地砍削白点，鼻尖上的白泥完全除去而鼻子却一点也没有受伤，那人站在那里也若无其事不失常态。宋元君知道了这件事，召见匠石说：'你为我也这么试试。'匠石说：'我确实曾经能够砍削掉鼻尖上的小白点。虽然如此，但可以和我搭档的伙伴已经死去很久了。'"

君子不乘人之危

一次，当地一位知名布商来到钱庄寻求胡雪岩帮助。他在生意中栽了跟头，急需一笔资金周转，想将全部家产、连带房地转卖2000两银子，而实际上市价至少值5000两。胡雪岩听后，叫布商明天再来听他消息。

布商离开后，胡雪岩连忙派手下去打探虚实，事实果然如布商所说。第二天，布商来到钱庄，胡雪岩对他说："我买下你的家产，但不是2000两，而是5000两。"布商惊诧不已。胡雪岩说："这是暂时替你保管，等你渡过了难关，随时可以赎回去。"

布商感激涕零，二话没说签好协议，对胡雪岩深揖致谢后离去。没过多久，布商东山再起，赎回了家财，胡雪岩只收了很少的利息。布商从此成了胡雪岩的忠实合作伙伴。

美德格言警句

◆ 与朋友交，言而有信。 ——《论语》

◇ 民无信不立。 ——《论语》

◆ 言不信者，行不果。 ——墨子

◇ 信则人任焉。 ——《论语》

◆ 子曰："道千乘之国，敬事而信，节用而爱人，使民以时。" ——《论语》

◇ 信不由中，质无益也。 ——《左传》

◆ 君子之言，信而有征。 ——《左传》

◇ 天之所助者顺也，人之所助者信也。 ——《周易》

◆ 凡将举事，令必先出。曰事将为，其赏罚之数必先明之。 ——《管子》

◇ 发号施令，在乎必行；赏德罚罪，在乎不滥。 ——包拯

◆ 经德不回，非以干禄也。言语必信，非以正行也。君子行法，以俟命而已矣。
——《孟子》

◇ 惟诚可以破天下之伪，惟实可以破天下之虚。 ——蔡锷

◆ 以信接人，天下信人；不以信接人，妻子疑之。 ——杨泉

◆ 内不欺己，外不欺人。 ——弘一大师

◇ 对人以诚信，人不欺我；对事以诚信，事无不成。 ——冯玉祥

◆ 做老实人，说老实话，干老实事，就是实事求是。 ——邓小平

◇ 没有诚信，何来尊严。 ——西塞罗

◆ 生命不可能从谎言中开出灿烂的鲜花。 ——海涅

◇ 信用既是无形的力量，也是无形的财富。 ——松下幸之助

美德知识小检测

建议： 初中阶段做判断题，高中阶段做选择题。

（一）判断题（正确的打"√"，错误的打"×"）

（　）1. 当今社会，尔虞我诈、勾心斗角、耍奸卖滑、假冒伪劣、缺斤少两等不良风气盛行，都与人失信有关。

（　）2. "无一可假，无一可伪"，就是做到了诚信。

（　）3. "心口如一""言必由衷"，是信；"言行相顾""言必行，行必果"，也是信。

（　）4. 不轻易与人相约，一旦约好，就应竭尽全力去办。

（　）5. 常听到看到老实人吃亏之事，从现实利益考虑，该讲诚信则讲，不该讲时则不讲。

（　）6. 虽然答应了别人，由于客观条件发生了变化，一时办不到了，就要向朋友说明原因，不必逞能，为了讲信用而不顾一切。

（　）7. "不管洪水滔滔，欺诈横行，我只固执于我的诚明"，传统的儒家诚信观是单向的，与物质利益无关，所以在当前市场经济下要摈弃。

（　）8. 说点好听的话恭维别人，这是不真诚的表现。

（　）9. 为了竞争取胜，不妨找点关系，行贿，给别人以好处。

（　）10. 诚信的建立，既需要自律，也需要他律。

（二）选择题（1~3题为单选题，4~6题为多选题）

1. 莫言在瑞典文学院演讲时讲述了发生在他儿童时期的一个故事。小时候，他到菜市场上帮母亲卖白菜，向顾客多收了一毛钱。回家后，母亲对他说："儿子，你让娘丢了脸。"这件事让他感到非常后悔，并深深地影响了他。打那时候起，他就深切地体会到（　）的道理。

　　A. 不多收人家钱

　　B. 不要有侥幸心理，以为多收了钱别人不知道

　　C. 为人诚信

2.比尔·盖茨说:"人生就是一场正在焚烧的大火,一个人能够做到的,就是尽自己的全部力量从这场火灾中抢救出点儿什么出来。"最符合比尔·盖茨所说的要"抢救出点儿什么出来"有(　　)。

　　A.支票

　　B.金银

　　C.诚信、正义、责任、担当等

3.古代的诚信观,有着(　　)等权力桎梏,使得诚信多少都带有一点封建社会的糟粕和时代痕迹。

　　A.等级　　　　　　B.守法　　　　　　C.平等

4.下面属于古代诚信观内容的是(　　)。

　　A.古人把诚信看作是修身养性和治国平天下的重要环节

　　B.中国古代的诚信观是与自然经济和小农经济相结合的,是自给自足经济基础的产物,比如强调"重义轻利""见利思义""取利有道"等

　　C.古人的诚信观,重在自己,严于律己而宽以待人

5."一个肮脏的国家,如果人人讲规则而不是讲道德,最终会变成一个有人味儿的正常国家,道德自然会逐渐回归;反之,一个干净的国家,如果人人都不讲规则却大谈道德、谈高尚,天天没事儿就谈道德规范,人人大公无私,最终这个国家会堕落成为一个伪君子遍布的肮脏国家。"胡适的这段话很警醒人,给我们的启发有(　　)。

　　A.空谈误国,实干兴邦

　　B.诚信建立要靠制度和行动

　　C.要在诚信制度、信用评估、失信惩戒上多做一些务实的工作

6.庄子曰:"真者,精诚之至也。不精不诚,不能动人。"对这句话理解正确的有(　　)。

　　A.纯真、纯正、没有一丝私心杂念,是最大的诚信

　　B.最大的诚信,能感化人

　　C.巧诈不如拙诚

美德越辨越明

建议： 初一选择第1、2个问题，初二选择第3、4个问题，高一选择第5、6个问题，高二选择第7、8个问题。

1. 学校组织了一次作文大赛，班上小明的作文获得了一等奖。但小兰发现小明的作文大部分抄袭于一本《作文大全》里的一篇文章。如果小兰把此事告诉学校，小明的一等奖肯定会被取消，说不定小明和大家还会埋怨她；但如果知而不报就滋长了小明的不诚实行为，让更多人为了获奖做出不诚信的行为。

   小兰该不该告诉学校呢？请议一议，辩一辩。

2. 明代刘基在《郁离子》里记载了这样一个故事：济阳有个商人过河时船沉了，他急忙喊："我是济阳最大的富翁，你若能救我，给你一百两金子。"一个渔夫救他上岸后，商人只给了渔夫十两金子。渔夫责怪他出尔反尔不守信用，富翁说："你一个打鱼的，一生都挣不了几个钱，突然得到十两金子还不满足吗？"旁观者有人理解商人，认为渔夫一下得到十两金子，已让他足够富裕，再去索要九十两金子，就是贪得无厌。

   这两种观点，你倾向哪一种呢？请议一议，辩一辩。

第五章 信

3. 李明上超市买东西吃，回来上课时已迟到了好几分钟。老师问他去哪儿了，他一想如果说到超市去了，肯定会受到老师严厉的批评，可能还要扣操行分，"灵机一动"说上厕所去了。当然老师也就不好说什么，叫他回座位上去。

如何评价李明随口说谎的行为，请议一议。

4. 《庄子·盗跖》："尾生与女子期于梁下，女子不来，水至不去，抱梁柱而死。"

尾生践行诚信抱柱而死值不值得？请议一议。

5. 齐桓公五年（公元前681年），齐桓公与鲁庄公会盟于柯（今山东东阿西南），鲁将曹沫以匕首挟持齐桓公，要求归还被侵占的土地，桓公无奈，只得应允。桓公回来之后，有人对桓公说，曹沫大庭广众之下辱没大王，提出非礼要求，被迫签的条约不是真实的意愿，不必践约；有人认为，应该兑现诺言，虽然吃了亏，但取得了其他诸侯的信任。

对此，你怎么看？请议一议，辩一辩。

6.一位年过半百的老人想把所有的积蓄用来资助贫困学子,与众不同的是,他没有直接把钱交给希望工程,而是根据学校提供的名单,分别给每人寄去书和贺卡。最后他收到一张皱巴巴的明信片,卡片上用很稚嫩的笔迹写着:"虽然我不知道您是谁,但是我非常感谢您送给我的礼物,祝您好人一生平安!"老人轻轻地合上卡片,一脸轻松地说:"他就是我资助的对象。"

有人很赞赏老人的做法,资助应该是有条件的,不知感恩的人,不配得到别人的帮助。信任需不需要试探?对此,你怎么看?请议一议,辩一辩。

7.张诚同学在校外超市购买了一件牛奶,回到学校后,发现收银员多找了他50元钱,同时也发现牛奶已经过保质期很久了。这件事情在同学间引起了热议。有的说:"超市商家不讲诚信在先,可以不退给他钱。"也有的同学说:"虽然超市商家不讲诚信,但我们不能不讲诚信。"

同学们,你认可哪种行为?为什么?请议一议,辩一辩。

8.孔子曰:"言必信,行必果。"意思是说了话,就要算数,君子一言,驷马难追。一旦行动,就不能半途而废。孔夫子的话到了孟子那里就变了,孟子曰:"大人者,言不必信,行不必果,惟义所在。"

孟子的话到底是什么意思呢,孔子和孟子的观点矛不矛盾,请说说你的看法。

美德我践行

建议： 初中阶段践行前 3 项活动，高中阶段践行后 3 项活动。在践行中，不必局限于以下设计的活动内容，可根据实际情况，自行拟订活动要求并践行。

1. 一个好汉三个帮，交友的重要性是不言而喻的，一个人不能没有朋友。但如果交友不慎，会给自己带来烦恼，甚至受到伤害。《论语》将朋友分为损友与益友，应该多交益友，远离损友，请拟出 8 条交友的准则并践行。

2. 想想最近你有没有做过不诚信的事，如果有，请你鼓起勇气写出来，引以为戒。

3. 父母是孩子的第一任教师，当作信言、诚信、信任、讲规则的表率，请家长给孩子说一说自己或他人诚信的故事，或与学生一起观看电影《善意的谎言》《诚信杂货铺》等，从中拟出几条讲诚信的内容并践行。

4. 请拟出预防不诚信的 5 条要求，在与人交往中践行。

5. 与同学一道参加一次志愿者服务活动，拟订参加此次活动的 5~8 条要求并践行。

6. 一项脑科学研究发现，人的想法其实就是一场"信任"的游戏。这项研究是由美国贝勒大学医学院神经科的雷德·蒙泰戈博士主持的。参加实验的学生共有 48 对，互不认识，每一对都有一位"投资者"和一位"受托者"。实验以下列方式进行：在 20 美元以内，"投资者"可以给予"受托者"任何数量的金额，一到"受托者"手中，该金额即视为增加 3 倍。然后，"受托者"可以决定还给"投资者"金额的数量。他们不可以聊天、握手、签合约或做其他事情。

雷德博士在实验过程中观察学生大脑的活动情况，结果发现，当对方表现得比自己的期望还要大方时，脑部"尾状核"区就会出现惊喜的讯号，研究人员指出，这就是对"慷慨大方"的感应区。实验还发现，当"受托者"退还的金额比"投资者"预期的要多时，"投资者"就会在下一回合给予更多的金额，可见，大方是可以增加信任的。

请你也做一下"大方"取得信任的实践，根据自己的能力，拟出一两条尝试表现"大方"的行为并践行。

美德大家评

建议： 初中阶段选 1~10 条的内容，高中阶段选 11~20 条的内容进行评价。每学年选 4~5 条内容，也可自行拟订其他内容来践行并做评价。

|班级　　　　　　姓名　　　　　　日期|

评价方式	评价内容			
	自我评	小组评	班级评	家长评
1. 违反班规校纪时，如实承认				
2. 老师向我了解他人违反班规校纪的情况时，不乱说				
3. 向父母要手机时不说假话				
4. 按学校规定，不带手机到学校				
5. 向他人或父母借钱或要钱时，不撒谎				
6. 诚信考试				
7. 独立完成作业，不找人代做，不抄袭				
8. 不借他人的校牌混出校门				
9. 在公共场合不打闹嬉戏				
10. 一旦做出决定，就持之以恒，全力以赴，努力做好				
11. 不进营业性歌舞厅、不进网吧				
12. 不承诺自己很难或根本办不到的事				
13. 不知为不知，实事求是				
14. 同学之间真诚相待，不说谎				
15. 看比赛或演出时文明有序				
16. 礼尚往来，投之以桃，报之以李				
17. 有愧疚之心，勇于改正不诚信的行为				

续表

评价方式	评价内容			
	自我评	小组评	班级评	家长评
18. 遵守《中小学生日常行为规范》				
19. 遵守《中小学生守则》				
20. 据实填写学校发放的各种表				
21. 信任他人，不反复变更人选				

注：1. 请在后面4个空栏里，每年自行拟订1条内容填上并实践。2. 评价等级为优、良、中三种。

本章"美德知识小检测"参考答案如下：

一、判断题 1.√ 2.√ 3.√ 4.√ 5.× 6.√ 7.× 8.× 9.× 10.√

二、选择题 1.C 2.C 3.A 4.ABC 5.ABC 6.AB

第六章 孝

"孝为德之本，百善孝为先。"孝是中华民族最为重要的传统美德之一。在漫长的中国历史长河中，孝被儒家主导的中国传统社会视为众德之源、总德之本，从而成为整个伦理道德体系的核心和第一要义。孝不仅是个人美德的基本要求，也是社会伦理的基本规范。我们要正确理解孝文化，并身体力行，不断提升个人修养，促进家庭与社会的和谐发展。对广大中学生而言，孝就是要感恩父母，敬重长辈，关爱老人，让父母老有所养，让老人老有所依。

美德我知道

"孝"之解读

从汉字的结构上看：金文"孝"字，子承老形；小篆之"孝"，上从老，下从子。二者都意指子背着父母，即子能承其亲，并能顺其意。究其本义，赡养父母、侍奉老人才称之为孝。

"孝"首先是指赡养父母。《尔雅》："善父母为孝。"《说文解字》："孝，善事父母者。""事"就是"侍候奉养"的意思。由此可见，传统意义的"孝"强调的是子女对父母应尽的义务，基本的义务是侍奉和赡养父母，即为父母长辈养老送终等。

其次，"孝"有敬亲爱老的含义。《说文解字》："从老省，从子，子承老也。"孝就是对父母要有恭敬心，从心底里做到感恩父母、孝敬父母、尊重长辈。儒家传统思想中"老吾老，以及人之老"和"不独亲其亲"的大同理想，将这种敬与爱用于身边的人，甚至推广到天下之人，这拓展了孝敬老的内涵。

再次，"孝"有悦亲顺亲之义，即让父母多开心，少烦恼，让他们经常保持愉悦的心情，正如古人所说的"人子之心，以顺亲为乐"。"孝"还有显亲的含义，且有传承父辈志向之意，如《孝经》所言："立身行道，扬名于后世，以显父母。"

最后，"孝"还包含谏亲。当父母犯了错，要采用适当的方式指出；当父母不义时，子女更不能一味地盲从。以牺牲是非为代价，对父母百依百顺其实是一种愚孝，也会陷父母于不义。

"孝"之演变

孝在商周时有祭祀上天和祖先，求得福佑的意思。《尔雅》说："享，孝也。"孝当时是指祭祀时对祖先的敬仰追念之情。后来人们对孝的关注才逐渐从天转向人，从祖先转向现世，添加了奉养健在父母的新含义，如《尚书》记载："肇牵车牛，远服贾用，孝养厥父母。""孝"开始具有"善事父母"这一要义。

春秋时期，儒家提升了孝在伦理道德规范体系中的核心地位。儒家著作中有不少有关"孝"的论述，如"今之孝者，是谓能养。至于犬马，皆能有养。不敬，何以别乎""生，事之以礼；死，葬之以礼，祭之以礼"，强调孝道就是赡养、尊敬父母，在物质生活和精神心理上保障父母身心愉悦。孔子说："孝弟也者，其为仁之本与！""弟"即"悌"，他把孝悌理念作为一个完整的术语加以论述。孟子认为孝是仁的基础，更是八德之首，把"善事父母"的孝作为维持家庭血缘关系和日常伦理关系的一项重要方式。

两汉数百年，是以敬老奉亲为核心的孝从家庭伦理走向社会伦理和政治伦理的关键时期，完成了"移孝为忠""孝治天下"的理论探究和实践推广。历代统治者大力提倡和推广孝文化，积极挖掘孝道的社会价值和政治思想，把孝廉作为举荐入仕的重要科目，从而保证了孝作为政治纲常的文化传承。随着儒家思想的一统天下，孝又推动了家庭良好风尚的形成和整个社会的稳定，但也导致了孝的功利化、虚无化、形式化甚至迷信化。到了宋明时期，程朱理学把孝推向极端，孝的绝对性和约束性进一步加强。

如今，作为传统文化的孝道，尤其是善事父母的人本立场，以及推而广之的养老规范和忠孝观念，仍有可取的积极价值。2012年起，国家将重阳节设立为老年节，进一步完善社会养老各项制度，在全社会大力倡导尊老敬老、爱老助老的良好风尚，将传统孝文化的有效价值发扬光大。

"孝"之作用

《孝经》称："夫孝，德之本也，教之所由生也。"这表明孝是个人美德培养的起点。

孝关乎每一个家庭的稳定和幸福。孝的核心含义是"善事父母"，这里的父母包括了父母、祖父母、外祖父母。孝最基本的内容是赡养，要求子女在物质上帮助父母，维持他们正常的生活需求，尤其当一个人年老无力之时，更需要子女经济上的扶助和精神上的安慰。因而，孝作为一种特定的血缘亲情之间的规范，是增进家庭和谐幸福的基本要素。

孝还能促进和谐社会的建构。随着儒家"泛爱众而亲仁""老吾老，以及人之老"等思想的普及，孝所覆盖的敬老助老的范围越来越大，孝所尊崇的对象越来越普及。

我国人口老龄化已是当今社会的一大趋势，在全社会大力推行敬老助老的孝文化，能增强老年群体的幸福感，从而促进整个社会的和谐发展。

孝作为社会伦理的基本规范，还有利于国家和民族形成命运共同体。《孝经》曰："夫孝，始于事亲，中于事君，终于立身。"这与中国传统文化中的"修身、齐家、治国、平天下"精神相契合，孝始于家庭，终于国家。孝是每一个公民在个人家庭与民族国家之间的权利义务和道德规范。

当前，全社会大力弘扬孝文化，传承传统美德，不仅对促进家庭养老有着积极意义，还能弘扬"大孝"精神，把尊老敬老扩展到整个社会，体现出博大的仁爱之义。

"孝"之要求

"百善孝为先，百行孝为本。"孝自古以来被视为做人的基本要求和根本原则。子女孝敬赡养父母、报答他们的养育之恩是天经地义的。弘扬孝文化要慧于心，更要敏于行。我们每个人从内心深处须明白孝的意义、树立孝的理念，还须付之于行动，要主动去做、积极去做，做到知行合一。

敬亲

1. 尊重父母的生活习惯，亲近父母，经常与父母交流。
2. 早晨上学前主动向父母说声"再见"，晚上回家时主动向父母问好。
3. 通过日常贴心的举动，如为父母倒水、捶背等表达对他们的爱。
4. 周末和父母一起散步、聊天、锻炼身体等。
5. 不向长辈发脾气，有意见时应好好和长辈沟通。
6. 当父母身体欠安时要主动问候关心，并寻医问药。
7. 不能嫌弃父母的不足或缺陷，不能随意把自己的父母与他人的父母进行比较。

悦亲

1. 多帮助父母做力所能及的家务事，让父母感到欣慰和喜悦。
2. 对待父母和长辈要有礼貌，说话时态度要和颜悦色。

3. 记住父母的生日，给双亲送上生日祝福。

4. 经常给父母或长辈讲一些有趣的故事或笑话。

5. 外出或在学校住读时，经常与父母保持联系，让他们安心。

6. 当父母或长辈遇到不顺心的事情，要主动安慰并分担他们的烦恼。

7. 学会与父母或长辈分享美食和娱乐节目等。

显亲

1. 努力学习，做到品学兼优，力争取得更多的荣誉，让父母以己为荣。

2. 参与社区活动，帮助社区的孤寡老人，成为父母期望的有爱心的人。

3. 要理解父母一生没有完成志向的遗憾，并尽可能帮助他们实现。

4. 别人对父母的误解，要及时消解，让父母享有令名，受人尊敬。

5. 积极和父母一起参加先祖的祭奠活动。

6. 当父母的亲朋好友来访时，我们要以礼相待，不能冷漠。

7. 遵纪守法，不能因自己违反法律而让父母蒙受耻辱。

谏亲

1. 对父母不义或不法的行为，不能盲从，不能愚孝。

2. 对父母进行诤谏劝止时，讲究适时适度。

3. 给父母长辈提建议之前，先要做好调查研究。

4. 当父母沉溺于麻将等赌博行为时，要给他们指出其危害。

5. 当父母不遵守交通规则，要提醒他们。

6. 当父亲抽烟喝酒伤害到身体健康时，要提出你的反对意见和改进措施。

美德故事我来讲

本章的美德故事,《带着瘫痪养母上大学》《董永卖身葬父》侧重养亲敬亲,建议初一使用。《乖乖女周润柳》《彩衣娱亲》侧重取悦双亲或长辈,建议初二使用。《帮战友尽孝》《孝亲爱民孔繁森》侧重于显亲,建议高一学生阅读。《芦衣谏亲》《12岁女儿劝父自首》侧重于谏亲,建议高二学生使用。

带着瘫痪养母上大学

孟佩杰5岁那年,生父被车祸夺去了生命,生母在病逝前把她送给了刘芳英,刘芳英成了孟佩杰的养母。后来,刘芳英患病瘫痪,8岁的孟佩杰扛起了照顾瘫痪养母的重担,撑起了这个风雨飘摇的家。每天刚天亮她就开始忙活,一日三餐洗洗涮涮,给养母敷药、换药、端屎端尿。

2009年,刚刚成年的孟佩杰要到临汾上大学,她做出了令常人难以想象的决定:带着养母去上学。为了方便照顾养母,她在学校附近租了一间不足10平方米的小房子。开水、馒头、咸菜,是母女俩常吃的三餐。懂事的孟佩杰从来不乱花一分钱,她把有限的钱都用在了日常开支和养母用药上。她说:"自己少吃一顿好饭,就能给妈妈多买一些好药,就能减轻妈妈的痛苦。"

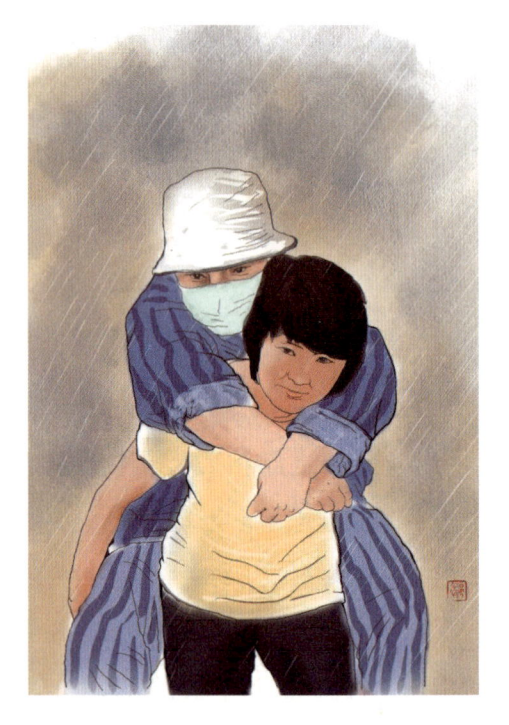

孟佩杰荣获2011年度"感动中国人物"称号。

董永卖身葬父

东汉末年军阀割据,盗贼四起,董永看到山东不太平,就带着年迈的父亲,到湖北安陆(今湖北孝感市)一带避难。

他们在此处安身后,董永每天都尽全力地去做农活儿,以分担父亲的重担。收工后,他总是让辛苦了一天的父亲坐在鹿车上回家,自己在后面步行。

后来父亲积劳成疾,病入膏肓,请医吃药毫无效果,不久便离开了人世。董永悲痛不已,自己身无分文,哪里有钱买棺埋葬父亲呢?于是一阵痛哭。当地有位员外,听说董永的遭遇后就借钱给他,让他买棺安葬了父亲。董永也承诺:为父亲守丧后,一定去员外家里做工报恩偿还。

守丧三年期满的董永遵守着先前许下的诺言,前往员外家里去做工。日夜辛苦劳作,董永毫无怨言。民间故事有言,后来天上的七仙女被董永卖身行孝的事迹感动了,她下凡与董永结为夫妻,很快还清了员外的债务。这个民间故事表达了人们对董永孝道的美好祝愿。

乖乖女周润柳

周润柳是重庆市北碚区柳荫镇中学的一名学生,她于2014年被评为"感动重庆十大人物"之一。

润柳出生后被一个贫困家庭收养。这是一个特殊的"三代家庭",有高龄且多病的爷爷奶奶,还有身患残疾的父亲。而年幼的小润柳是真正的"顶梁柱""开心果"。从懂事的那天起,小润柳就承担了这个家的许多活儿,还学会了照顾家人。在贫困中,她任劳任怨、自信乐观,在她的脸上,永远挂着灿烂的笑容,她用自己稚嫩的双肩和笑声撑起了这个家。

为了报答养父母之恩,润柳一直坚持做一些力所能及的家务和农活,还努力搞好自己的学习和生活,成绩在班上长期名列前茅,这让养父母很开心放心。润柳也有着自己的美好心愿:"我想爸爸能早点把腿治好,然后带他出去旅游。"

彩衣娱亲

春秋时，楚国有位隐士，名叫老莱子。这个老莱子非常孝顺父母，对父母体贴入微，千方百计讨父母的欢心。

为了让父母过得开心，老莱子养了几只漂亮且擅长鸣叫的鸟儿。他自己经常逗着鸟儿，让鸟儿发出动听的叫声，父母听了很高兴。老莱子害怕年老的父母过于忧虑，专门做了一套五彩斑斓的衣服，走路时也装着跳舞的样子，父母看了乐呵呵的。

一天，他为父母取浆上堂，不小心跌了一跤。他害怕父母伤心，故意装着婴儿啼哭的声音，并在地上打滚撒娇。父母还真的以为老莱子是故意跌倒打滚的，见他好久也爬不起来，笑着说："莱子真好玩啊，快起来吧。"

帮战友尽孝

2018年8月1日，湖南省怀化市向同泳老人，看着儿子李玉元生前的战友王鸿福、杨永亮一行人提着大米、食油来陪自己过"八一"节，高兴得合不拢嘴。

故事还得从20年前说起。1998年9月，驻陕西某部的年仅21岁怀化籍战士李玉元在一次执行任务时牺牲，被追认为烈士，永久地留在了部队驻地。在李玉元的追悼会上，同样来自怀化的王鸿福等战友许下庄严而神圣的承诺："李玉元，请你放心，今后，你的父母就是我们的父母，我们替你尽孝！"

兄弟情深，一诺千金。后来王鸿福退伍回乡，回到怀化的第一件事，就是履行当初的承诺，去看望战友李玉元的父母。他给老人一家劈柴担水、挖地种菜，屋前屋后收拾得干干净净，临别时说："你们好好过日子，我会经常回来看你们。"

从此以后，无论多忙，王鸿福都会抽空往李家跑，每逢李玉元的父母生日或"八一"节前后，他都要去陪伴老人。2013年，李爸去世，王鸿福和战友们一起前往当"孝子"，照料后事。

孝亲爱民孔繁森

领导干部的楷模孔繁森是个孝子，平时总要在百忙之中抽出时间与老母亲聊聊家常，与妻子争着照料母亲。有一年的元宵节，他借了一辆板车在寒风中推着老母亲去看灯展。

1988年，因工作需要，孔繁森第二次进藏，这时他的母亲已经87岁了，而且生病瘫痪在床，生活不能自理，妻子儿女都希望他留在山东工作。但想到西藏地区更需要党的干部，孔繁森毅然表示服从组织安排。

临走那天，孔繁森走到老母亲的床边，望着母亲那头稀疏的白发，轻声说："娘，儿又要出远门了，到很远很远的地方去。您多保重！"他抑制不住内心的感情，说着就跪在地上，给母亲深深地磕了个头。

孔繁森来到西藏便投入到繁忙的工作中。他把对亲人的感情深埋在心底，把藏族同胞当作自己的亲人。大雪纷飞时，孔繁森看到孤寡老人衣衫褴褛，双脚的脚趾露在破鞋的外面时，立刻撩开自己的衣襟，把老人的双脚放在自己的胸前，用自己的体温给老人暖脚。

孔繁森曾经说过，只要看见藏族老人，就会想到自己的老人。他把对父母的孝敬，化成了对人民的大爱。

芦衣谏亲

闵子骞是周朝人，他幼时丧母，父亲另娶一女子为继室。继母接连生了两个儿子，于是对闵子骞开始憎恶起来。寒冬到了，后娘为两个亲生儿子做的冬衣，里面是十分暖和的棉花；而给子骞做的冬衣，里面是一点也不保暖的芦花。

一天，父亲要外出，子骞为父亲驾驶马车，在凛冽的寒风中，子骞的手冻得拿不稳马的缰绳，缰绳掉到了地上，马车差点也掉进了悬崖。父亲大怒，气得扬起马鞭,将子骞猛打。子骞的棉衣被打破了,里面的芦花飞了出来。父亲这才明白了一切。

父亲立即回家责骂后妻,要将这个内心狠毒的女人休掉。子骞不希望两个年幼的弟弟失去母亲的关怀,便跪在父亲面前,哭着劝谏父亲说:"母在一子寒,母去三子单,请不要赶走母亲。"

这句话不仅有效劝阻了父亲,继母也被感动得后悔不已,从此待他如亲子,一家人母慈子孝,兄弟和睦,其乐融融。

12岁女儿劝父自首

2020年8月5日晚,在福建省厦门市某路口,两辆摩托车发生了剧烈碰撞。伤者郑某倒地后昏迷不醒,不久被路人发现并报警,随后送医院,检查发现是左侧肋骨断裂,且全身多处挫伤。

处理此次交通事故的民警到达后发现,现场灯光比较阴暗,遗留的线索也不多。案子一下子陷入僵局。没有想到,一周后的8月13日一大早,肇事逃逸者付某来到交警大队投案自首。

原来是付某因怕承担责任,选择了逃逸,并把撞坏的摩托车藏匿了起来。家人好几天不见他的踪影。当付某12岁的女儿得知父亲肇事逃逸后,赶紧给爸爸打了电话:"相互撞了车,出了交通事故,本身不严重,而你逃逸了,就是违法犯罪行为。你逃得了初一,也逃不过十五。现在唯一正确的做法就是去自首,争取宽大处理。否则你将错上加错!"

在女儿动之以情、晓之以法的劝说下,肇事逃逸者付某最后选择了自首。最终他依法得到了从轻处罚。

美德格言警句

- 身体发肤受之父母，不敢毁伤，孝之始也。立身行道，扬名于后世，以显父母，孝之终也。　　——《孝经》
- 孝子之至，莫大乎尊亲。　　——《孟子》
- 慈孝治家，家和万事兴；文明兴邦，邦盛千古长。　　——俗语
- 慈乌尚反哺，羔羊犹跪乳。人不孝其亲，不如草与木。　　——《劝孝歌》
- 大爱无声，大德无言；大慈无界，大孝无边。　　——俗语
- 孝子之养也，乐其心，不违其志。　　——《礼记》
- 百善孝应先，老吾老，情承华夏文明；千般慈为重，幼吾幼，爱满和谐社会。　　——俗语
- 尊老为德，敬老为善，亲老为福，爱老为美，帮老为悦，助老为乐。——俗语
- 小孝孝父母，大孝孝国家。人无小孝无爱，人无大孝不忠。　　——俗语
- 孝有三：大尊尊亲，其次弗辱，其下能养。　　——《礼记》
- 要问如何把亲孝，孝亲不止在吃穿；孝亲不教亲生气，爱亲敬亲孝乃全。　　——《劝报亲恩篇》
- 亲所好，力为具；亲所恶，谨为去。　　——《弟子规》
- 孝子事亲，不可使其亲有冷淡心、烦恼心、恐慌心、愁闷心、难言心、愧恨心。　　——袁采
- 千万经典，孝义为先。　　——《增广贤文》
- 谁言寸草心，报得三春晖。　　——孟郊
- 老吾老以及人之老，幼吾幼以及人之幼。　　——《孟子》
- 慈水悠悠不改旧时波纹，孝心切切难忘父母情恩。　　——俗语
- 世上有两件事不能等：一孝顺，二行善。　　——俗语
- 孝在于质实，不在于饰貌。　　——《盐铁论》
- 亲有过，谏使更。怡吾色，柔吾声。谏不入，悦复谏。　　——《弟子规》

美德知识小检测

建议： 初中阶段完成判断题，高中阶段完成选择题。

（一）判断题（正确的打"√"，错误的打"×"）

（　）1. 作为子女，应该记住父母的年龄和生日。

（　）2. 养老就是给年长的父母吃好穿好。

（　）3. 一辈不管二辈事，我只管好自己的父母就行了，赡养爷爷奶奶是父母的事情。

（　）4. 侍奉父母是子女最大的事，要竭尽全力，任劳任怨。

（　）5. 传统的"二十四孝"已经过时了，与时代脱节。

（　）6. 孝是教化的根本，修身、齐家、治国、平天下的起始。

（　）7. 孝敬父母就是对父母的错误甚至不义之事不闻不问。

（　）8. 为国立功，为父母获得了荣耀，这是对父母的一种大孝。

（　）9. 父母病了，子女要心怀忧虑。

（　）10. 对父母的小过不怨，大过力劝。

（二）选择题（1~6题是单选题，7题是多选题）

1. 应该怎样正确认识郭巨埋儿奉母的故事（　）。

    A. 完全赞同

    B. 不能容忍

    C. 行为错误，孝心可取

2. 《论语》中有这样的记载，子夏问孝，子曰："色难。"你认为该怎么做呢？（　）

    A. 没必要做到让父母和颜悦色

    B. 要真正容纳和接受父母的缺点

    C. 尽量不与父母近距离接触

3.《大戴礼记》中写道:"不辱其身,不忧其亲,则可谓孝矣。"你如何理解这句话(　　)。

　　A. 要在意别人对自己父母的评价

　　B. 自己生活能力强,懂得保护自己,父母才会放心

　　C. 违法乱纪,不仅贬低了自己的人格,还令父母蒙羞

4. 对父母长辈的孝敬应该有一定的表现方式,下面做法不妥的一项是(　　)。

　　A. 一家人围坐在一起吃饭,让长辈坐上席

　　B. 节假日要给父母长辈们请安和问候

　　C. 父母长辈赠送给我们的礼物,如果不喜欢可以直接拒绝

5. 村民李某长期不孝敬父母,年迈的父母无奈之下将儿子起诉。法院判决李某依法履行赡养父母的义务,每月向父母提供200元生活费用。这一案例表明(　　)。

　　A. 法律能够保障公民履行孝敬父母的道德与义务

　　B. 遵循孝道需要加强教育,通过法律来解决会增加新的矛盾

　　C. 对于不孝之人,国家要通过法律严加管教

6.《孝经》曰:"爱亲者,不敢恶于人;敬亲者,不敢慢于人。"这就是说(　　)。

　　A. 父母在,不远游　　　　　　B. 能孝敬父母者,也会关爱他人

　　C. 对父母要善,对外人要恶　　D. 在家靠父母,出门靠朋友

7. 二十四孝中值得传承的精华有(　　)。

　　A. 扇枕温衾　　　　　　　　　B. 恣蚊饱血

　　C. 亲尝汤药　　　　　　　　　D. 芦衣顺母

美德越辨越明

建议： 初一选择第 1、2 个问题，初二选择第 3、4 个问题，高一选择第 5、6 个问题，高二选择第 7 个问题。

1. 最近班上组织了一次"孝敬父母"的主题班会。有同学认为："父母抚养我们长大，真是太辛苦了，我们一定要听父母的话，只要父母要求的，我们一定要服从。"有同学说："父母年龄大了，观点落伍了，与我们有代沟，我们要坚持自己的想法。"还有同学说："做一个孝顺的子女，但不能百依百顺，哪些要依顺？哪些不能依顺？我有时真的不知所措。"

对于以上截然不同的意见，你怎么看？请你积极发言，阐述自己的观点。

2. "寇准罢宴"讲的是北宋宰相寇准六十寿诞，臣僚部属都备好各种礼品，车水马龙般赶来为他祝寿。他自己也在府中张灯结彩，备下山珍海味，大摆宴席招待宾朋。他家女佣刘婆见状，想起寇母临终嘱托，忙将寇准叫入内室，拿出其母所画的《孤灯课子图》给他看。画中，年幼的寇准在松油灯下读书，其母在一旁织布。上有题诗曰："孤灯课读含苦辛，望尔修身为万民。勤俭家风慈母训，他年富贵莫忘贫。"寇准看着画，想起当年孤儿寡母的艰苦日子，和母亲含辛茹苦终将自己培养成人的经历，顿时泪流满面。遂"辞宾客，停歌舞，罢宴席"。

请积极思考，谈谈故事中寇准罢宴的行为是否体现了一种孝道。

3. 在一动车上，一位八旬老人李某准备到省城医院看病。因为乘客很多，老人女儿恳请一女孩能否让她家老人挤一挤，共坐一个位置，没想到被女孩拒绝。老人被搀扶着站立，前面一中年男子将老人让到自己位置。老人女儿对那个女孩说："年轻人啊，应该多学学。"结果遭到女孩的反击："坐自己位置错了吗？"此事引发广泛争议，社会舆论纷纷谴责女孩没有爱心，女孩感到很委屈：我买了票坐自己的位置难道有错吗？

针对以上事件，你怎样看待女孩的做法和说法？请与小组同学一起讨论。

4. 在获得北京大学"中学校长实名推荐"的某省9所高中学校里，有这样的规定：除了成绩特别优异，排名在全省联考前列，或者在高中阶段参加数学、物理、化学、生物、信息学或机器人竞赛获得省级一等奖以上奖项者才有资格参与竞争，但是被推荐人如果存在不孝敬父母等违法违规行为，即使成绩再优秀也不能参与选拔。

同学们，你是否同意以上规定？请参加小组讨论。

5. 老陈在高速公路开车打电话，正在读大学的女儿小陈坐在旁边一再提醒父亲，叫他不要打电话，可是老陈不听劝阻，最终小陈选择了报警。警察来后对老陈进行了批评教育，并依法处理。此事在网上迅速引起社会的广泛争议。有人认为小陈向警察举报自己的父亲，这是不孝，因为《论语》中孔子就说，孝顺就是"无违"。有人认为小陈做得对，这才是真正的孝。

面对不同的评论，作为中学生的你认为小陈的做法恰当吗？这种行为真的是孝吗？请你在小组里积极发言，阐明你的观点和理由。

6. 老王有一儿一女，因为儿子在外地安家了，而女儿家离他比较近，所以老王平时都是由女儿照顾的。后来老王的老伴去世了，他的儿女都为各自的工作和抚养小孩忙得不可开交。有一天，女儿对父亲说道："爸爸，我求你去敬老院吧，我这儿实在没办法了。"没想到这遭来女儿单位和左邻右舍的非议，认为让自己的老人去敬老院就是不孝顺。

同学们，你们认为材料中女儿的做法是不孝吗？请说明理由，并针对老王的情况提出合理的建议。

7. 郑州大学某学院给学生布置了一份特殊的寒假作业。这份主题为"亲情寒假、感恩父母"的寒假作业，内容之一就是让他们在大年初一那天按照中国的传统礼节向父母磕一个头，以此感谢父母的养育之恩。在此之前，某校也曾因给学生布置"为父母洗一次脚"的特殊作业而引起较大的反响。

几千年来，"磕头""跪拜""昏定晨省""披麻戴孝""守灵"等仪式一直是中华民族"孝"文化的内容。辛亥革命后，为改革旧俗、保障民权，民国元年开始废除跪拜制度，只规定官员之间、官员和民众之间不行跪拜，对民众在私人场合则不加干涉。北京大学社会学系教授夏学銮认为："一定的内容必须通过一定的形式才能表现出来。"他并不否定当代青少年在春节时给父母磕头的意义。他还说，有选择地恢复一些体现家庭长幼尊卑伦理关系的传统社会仪式还是必要的，弘扬孝道需要借助具体的形式。

同学们，你是否赞同郑州大学给学生布置的这种任务？请说明理由。

美德我践行

建议： 初中阶段践行前5个活动，高中阶段践行后4个活动。在践行中既要明晓行孝尽孝的意义，更要带着诚心诚意去做，真正做到知行合一。当然，可以根据实际情况，在老师或家长的指导下，自行拟订活动内容并认真践行。

1. 孝的培养需要从小做起。我们与父母朝夕相处，能够感受到父母把我们抚养成人的辛苦。请真心感受一下父母平日里对你的呵护，然后给父母说一些感恩的话。

2. 给父母写一封感恩书信，主题是"书字字真言，述暖暖孝意"。记住父母和其他亲人的生日，并送上真诚的祝福语。

3. 举办一次摄影展，主题为"镜头里的孝道故事"。记录生活中平凡人行孝、悦亲的点点滴滴，用镜头讲述我们身边有关孝道的故事。

4. 教会父母使用微信、支付宝，学会滴滴打车，制作美篇等，让他们跟上新时代的步伐。

5. 筛选并整理《二十四孝》中至少 8 个有价值的故事，并给同学和家人讲述。

6. 主动与社区工作人员联系，深入社区，自编几条宣传语，做一名敬老爱老的义务"行孝宣传员"。

7. 与班上同学策划一次敬老节活动，准备一些节目，带上一些礼物，到附近一处敬老院，用实际行动去关爱老人。

8. 主动提议和父母一道去看望爷爷奶奶或外公外婆等长辈，让平时不在一起的长辈也能感受到亲情之乐。

9. 深入居住地的社区，了解本社区有哪些值得称道的孝顺子女，并对他们的感人事迹做简要记录。

美德大家评

建议： 初中阶段选 1~10 条内容，高中阶段选 11~20 条内容进行评价。每学年选 4~5 条，也可自己拟订其他内容来践行并评价。

| 班级 | | 姓名 | | 日期 | |

评价方式	评价内容			
	自我评	小组评	班级评	家长评
1. 主动洗碗、扫地、整理房间，让父母开心				
2. 知道父母喜欢吃的饭菜口味				
3. 了解父母喜欢哪些品种的花草				
4. 说出父母共同的爱好				
5. 在父母长辈生病时，挤出时间看望和照顾他们				
6. 在父母的生日时，向他们表达问候和祝福				
7. 在春节等重大节日时，主动向父母祝福				
8. 不在父母面前发脾气				
9. 在家里吃饭时，让长辈先坐				
10. 能给同学讲出 5 个以上孝顺的典型故事				
11. 帮助父母接受互联网等新鲜事物				
12. 与父母一起走亲戚				
13. 与父母一起看电影、旅游，或者逛街				
14. 主动把最近学习和考试的情况向父母汇报				
15. 主动把学校和班上有趣的事情讲给父母听				
16. 做一次社区义务宣传员，宣传敬老爱老的美德				

|续表|

评价方式	评价内容			
	自我评	小组评	班级评	家长评
17. 与父母一起参加清明节等祭奠活动				
18. 父母的朋友来访，热情招呼				
19. 经常去看望爷爷婆婆等长辈				
20. 到附近的敬老院，去看望、关爱老人				

注：1.请在后面4个空栏里，每年自行拟订1条内容填上并实践。2.评价等级为优、良、中三种。

本章"美德知识小检测"参考答案如下：

一、判断题 1.√ 2.× 3.× 4.√ 5.× 6.√ 7.× 8.√ 9.√ 10.√

二、选择题 1.C 2.B 3.C 4.C 5.A 6.B 7.ACD

第七章 善

"善人，人皆敬之，天必佑之，福禄随之，众神卫之，众邪远之，众人成之。"善源于人心，而显于行动，是善行与善心的有机统一。我们要拥有为他人着想、为社会服务的美德，心存善意，付诸行动，奉献社会，助人为乐，见义勇为。这些善行可以温暖人心，彰显道德力量，从而在全社会形成一股向善向上的动力。对于青少年而言，善就是要与人为善，乐于奉献，学会分享；与他人友好相处，与自然和谐共生。

美德我知道

"善"之解读

从造字上看,"善"古字"譱",从"羊"从"誩",本义是像羊一样说话。羊的性情温和驯顺,羊"说话"自然也温顺了,不含恶意。"善"又与"膳"相通,为"膳"的本字。古人以羊为膳食的美味,后来"善"字由膳食之美引申为德行的美好。这一德行在《现代汉语词典(第7版)》中解释为善良、慈善、善行、善事等。

理解"善"这一美德,主要有以下四个方面的含义:一是善心,即善意或善念。"人之初,性本善。"人的本性是善良的,每个人的内心都深埋着一颗善良的种子,都能够成为心地纯洁、纯真温厚,没有恶意的人。善心一动,即成善念。善念是善言、善行的前提。我们当心存善意,与人为善,从小善做起。

二是善言,即良言,指说有益的好话。荀子说:"与人善言,暖于布帛。"善言不仅能营造愉快、真诚的谈话环境,让人乐于接受,而且能使人从中获益,得到尊重和自信。"良言一句三冬暖,恶语伤人六月寒。"在生活中口出善言,不说恶语,那便是一种与人交往的美德。

三是善行。善行是指社会公认的对他人或社会产生有利影响的行为,如慷慨地奉献自己的财物、劳力和精力,无私地给予他人各种帮助,或是使人免受折磨、惩罚或痛苦等。《孟子》:"及其闻一善言,见一善行,若决江河,沛然莫之能御也。"我们只有通过善的践行,才能真正培养善的品质。

四是改过迁善。《周易》:"君子以见善则迁,有过则改。"意思是有道德有修养的人看见善者就见贤思齐,能够改变自己,有过错就马上改正。《左传》曰:"人谁无过?过而能改,善莫大焉。"古人强调"改过不吝,从善如流",就是不断追求完美,不断加强内心向善的修行,最终达到尽善尽美的道德境界。

"善"之演变

中国古籍很早就论及"善",如《尚书》:"德无常师,主善为师。"《道德经》:"上善若水。"而作为德行品质的"善"则是儒家的根本思想之一,《大学》一开篇就提出"大学之道,在明明德,在亲民,在止于至善"。《中庸》也说:"诚者,天之道也;诚之者,择善而固执之者也。"

千百年来,人们对善的理解和认识是一个不断完善的过程。孟子提出了著名的"性善论"。他说:"人性之善也,犹水之就下也。人无有不善,水无有不下。"他主张"人性善",旨在唤醒每一个人内心深处的善意。而荀子却与孟子的观点相反,提出"性恶论"。他认为恶是与生俱来的,主张通过礼教和外界环境的影响以及自身的努力,去恶扬善,最终达到"善"的境界。

之后的韩愈、朱熹、王阳明等人都对善提出了各自的真知灼见,他们大多认为,人性本善就是一个人从本能的制约到人性的自觉。到了近现代,随着西方哲学和美学思想的传播,有关"善"的认识往往与"真""美"相关联,内涵与外延也在不断扩大,从个人修养拓展到社会生活、艺术欣赏等众多领域。真是基础,善是行为,美是结果,这三者需要有机结合。

目前,以"友善"为代表的善,已经成为社会主义核心价值观之一,展现出新的时代价值。除了弘扬传统意义上的善心善行,善在当今还集中体现为各种人文关怀的制度建设,以及遍及各地的慈善公益机构。

"善"之作用

中国传统美德十分推崇"善"。善的作用主要在于个人道德修养与社会风尚建设等方面。

善有助于实现个人品质的自我完善。因为人人都有向善的本性,只要我们自觉认同道德价值观念,加强对善的培育和引导,就能在实践过程中不断完善自己,提高自身素养和人生境界。心存善意,践行善德,还有助于塑造个人的理想人格,确立正确的价值观,做出有益于社会和人民的贡献。

善有助于处理人与人、人与社会之间的各种关系。善呈现的是正向的、有益的价值。孟子说:"大舜有大焉,善于人同。舍己从人,乐取于人以为善。"

一个拥有善心、坚持善行的人，更容易得到亲朋好友的信任和尊重，更容易为他人所接纳、所敬仰。而群体的善能不断优化我们的社会生活，增加大家的幸福感。

　　善对当今市场经济条件下的道德建设有着十分重要的现实意义。中国社会目前进入急剧变革的时期，我们需要重新认识善的社会价值，把传统美德"善"与社会主义核心价值观"友善"有机结合起来，促进社会主义道德建设和精神文明建设。培育善良仁爱之心、人道之心，明善理、行善事，多做有利于他人，有利于社会的好事，我们的社会才会变得更加和谐美好。

"善"之要求

　　要发扬善的美德，就得用善的标准去约束和要求自己。为善去恶，要有善心，更要有善行。做到善，就要善待亲友、他人、社会和自然。善待亲人使家庭和睦，善待朋友以收获牢固的友谊，善待他人以构建和谐的人际关系，善待自然以形成和谐的自然生态。

善心

1. 当同学犯了错误，要有一颗宽容之心，不要处处对他人进行道德审判。
2. 对生病的同学多一份关心，关爱处于不幸的人。
3. 多发现他人的优点，不去触碰别人的痛处。
4. 要善意地理解老师和家长提出的批评或建议。
5. 多理解老师的辛苦，不苛求，不要故意给老师挑刺。
6. 不损人，树立利他思想，希望别人也过上好日子。
7. 被别人误解后，以宽容之心主动去消解误会。

善言

1. 说话时面带微笑，多用"请""谢谢"等文明用语。
2. 在任何时候、任何场合都不说粗话脏话，不骂人。
3. 在与他人交谈的过程中，说自己时多用谦辞，称对方时多用敬辞。

4. 上网时拒绝使用网络暴力语言。

5. 不给老师和同学取侮辱性的绰号。

6. 当同学参加竞赛获奖时，多用一些祝贺的语言。

7. 当同学处于困境时，多说一些鼓励和安慰的话语。

8. 陌生人前来询问时，要热情解答。

善行

1. 积极参加班上或学校发起的募捐活动和志愿者服务活动。

2. 在公交车或地铁上，主动给老弱病残孕等需要关爱的人让座。

3. 运动会上搀扶班上刚参加完比赛的运动员。

4. 善于倾听他人的述说，回应他人的求助。

5. 爱护小动物，不要虐待它们。

6. 主动帮助学习后进者，给他们分享自己有效的学习方法。

7. 不打听或传递他人的隐私。

8. 远离烟酒，拒绝毒品，不损害自己和他人的身心健康。

改过迁善

1. 正视错误，承认错误，勇于改正错误。

2. 谨慎交友，远离不良之人。

3. 学会自省，多总结每天自己的得失。

4. 犯错后，勇于承担自己的责任。

5. 当自己的善良被他人欺骗时，仍然坚守自己的善良。

6. 吃一堑，长一智，避免犯相同或类似的错误。

7. 不急躁，不冒进，学会调整好自己的情绪。

美德故事我来讲

本章的美德故事，《杜甫心怀天下》侧重于善心，建议初一使用。《善言暖心，改变一生》《魏书生赏识"后进生"》侧重于善言，建议初二使用。《范蠡三散千金》《马旭捐款助力家乡教育》侧重于善行，建议高一学生阅读。《周处改过自新》《林则徐制怒》侧重于改过迁善，建议高二学生阅读。

杜甫心怀天下

公元761年的春天，杜甫得到亲友的帮助，在成都浣花溪边盖起了一座茅屋。然后没过几个月，茅草就被呼啸的秋风吹得到处飞散，村子的孩子抱着吹散在地的茅草跑了，年老的诗人追赶不上，只是倚靠着手中的拄杖独自伤心叹息。

屋破的痛苦还没缓解，雨漏的惨状又跟上来。真是屋漏偏逢连夜雨，屋里被淋湿，床头更是阴冷凄凉，没有一点可供安身睡眠的地方。杜甫就这样在寒夜中熬到天亮。

自古以来，中国的读书人就有"达则兼济天下，穷则独善其身"的人生信条，然而在穷困无助、焦虑无眠的困境中，杜甫没有只想到自己，而是推己及人，想到了千千万万和自己一样的"天下寒士"，希望自己能为他们找到"广厦千万间"，使他们能免遭自己目前的苦况，乃至"吾庐独破受冻死亦足"。这种兼爱天下的大善，正是诗人忧国忧民崇高品质的真实写照。

善言暖心，改变一生

美国有个9岁的小男孩，十分调皮，经常在外面惹祸，非常不讨父亲的喜爱。他9岁时，父亲把继母娶进家门，并当着小男孩的面对这位继母说："亲爱的，希望你注意这个全郡最坏的男孩，他已经让我无可奈何。说不定明天早晨，他就会拿石头扔向你，或者做出你完全想不到的坏事。"

出乎小男孩意料的是，继母微笑着走到他面前，托起他的头认真地看着他，然后回过头对丈夫说："你错了，他不是全郡最坏的男孩，而是全郡最聪明、最有创造力的男孩。只不过，他还没有找到发泄热情的地方。"继母充满善意的话，说得小男孩心里热乎乎的，眼泪几乎滚落下来，同时也成为激励他一生的动力。从此，惹是生非的坏男孩不见了，取而代之的是一个奋发有为的好少年。

这个小男孩后来成为美国非常著名的企业家、教育家和演讲口才艺术家，他就是卡耐基。

魏书生赏识"后进生"

魏书生是全国十佳师德标兵、全国劳模、全国优秀教育工作者。有一次，魏老师班级转来了一名学生，语文期中考试才得了8分。他没有批评学生，在了解该学生上课不听、回家不看书和不写作业的情况后，他反而表扬说："你看，你一不听课，二不看书，三不做作业，还考了8分，证明你还是挺聪明的嘛。要是你稍微努力一下，肯定会比这次考得好。"

魏老师继续问："成绩下来了，你有不服气的地方吗？"

"有呀，第一道题我会做，但没有答对，我不服气。"

而后，魏老师让他说说自己的优点。学生回答："我没有优点。"在老师的提醒和启发下，学生慢慢找到了自己的许多优点。

魏老师给这位学生计划期末成绩能涨到26分，学生不服气："老师你也太瞧不起我了，肯定超过26分。"期末考试出来，学生得了35分。学习兴趣被调动后，这名学生语文成绩逐步爬升，最后也能及格了。

范蠡三散千金

范蠡是春秋末期的大政治家，有文财神、商圣之称。他曾经帮助过越王勾践复兴越国，也曾经三聚三散钱财，其善行名传千古。

范蠡等人成功帮助勾践报仇复国后，立了大功的他被勾践封为上将军，嘉赏众多财宝。但范蠡放弃这高官厚禄，将所得财宝分给友人等，自己携带少量钱财出走，这是范蠡的一聚一散。

二聚二散是指范蠡到了齐国后，更名改姓为"鸱夷子皮"，他"耕于海畔，苦身戮力，父子治产，居无几何，治产数十万"。齐国百姓推崇他为相，认为其贤能。但范蠡拒绝了，并将自己财产分予乡邻，迁至定陶。

范蠡再次改名换姓，自称朱公，人称陶朱公，在陶地他率领家人重新创业，不久再次成为当地首富，积攒了数以千计的黄金。有一年，天下大旱，几乎颗粒无收，范蠡除了保留自己的生活必需，把自己的全部财产拿出来布施给国人。这是三聚三散。

马旭捐款助力家乡教育

马旭是驻武汉黄陂原空降兵部队的一名离休干部，她是中国首位女空降兵，曾参加了解放战争、抗美援朝战争，其间多次立功获奖。

马旭在武汉黄陂居住了60多年，心中一直很惦念家乡黑龙江省木兰县的发展。2018年9月13日，马旭将她毕生积蓄300万元捐给家乡黑龙江省木兰县，用于家乡的教育和公益事业。而马旭与她的丈夫平时生活简朴，至今仍住在黄陂区木兰山下一个简陋的小院里。穿的是15元钱一双的胶鞋，鞋底开胶了，也要"缝缝补补又三年"。

助人为乐，善行无疆。2019年2月，马旭获得感动中国2018年度人物。2019年9月，她荣获第七届全国道德模范。

周处改过自新

三国东吴宜兴有一个青年叫周处，他不爱读书，臂力过人，好争斗，性情愚鲁，横行霸道。乡人痛恨他，将他和南山之虎、长桥之蛟同列为民间"三害"。

周处也自鸣得意，自命不凡。有一次，乡里人问他："你这么厉害，为什么不去将害人的猛虎蛟龙杀死，好向大家证明你的实力呢？"周处听完后，立即上山杀掉了猛虎，又跳入水中与蛟龙厮杀。经过了三天三夜，不见周处的人影，大家都以为他被蛟龙吃掉了，或者和蛟龙同归于尽了，于是都出来纷纷祝贺。

出乎大家预料的是，周处杀死了蛟龙，提着蛟龙的头从岸边爬上岸。他听说乡亲们把他的死当作除掉一大祸害来庆贺，羞愧不已，内心受到很大的震动，决心改恶从善。

为了改过自新，他前往吴郡寻找陆机、陆云这两位当时的名士。在陆云的劝慰下，周处励志为善，发奋读书，改过自新，后来成为文武双全的名将。

林则徐制怒

林则徐年轻时勤奋好学、才思敏捷，但就是脾气过于急躁，遇事不称心就要发怒。父亲林宾日多次劝告，见效不大。

一年，林则徐将赴外地上任，临行前，父亲给他讲了这么一个故事。

从前有一个县官，非常孝敬父母，最恨不孝的犯人，判罪也特别重。一天，有两个彪形大汉捆了一个嘴里塞着东西的年轻人来见官，说："这年轻人是个不孝之子，不但骂他娘，还要打他娘，把他捆住后仍不停地骂，因此用东西把他的嘴巴堵着。"县官一听，火冒三丈，立即吩咐差役重打五十大板，把那年轻人打得皮开肉绽。

这时，有个老婆婆拄着拐杖进来，边哭边诉道："求求青天大老爷做主，刚才有两个强盗来抢我家的牛，我儿子一个人打不过他们，被强盗绑了去，不知弄到哪儿去了，请求老爷赶快替我找。我就只有这么一个孝顺的儿子呀！"

县官一听，捶胸顿足，追悔莫及，原来他打的就是个孝子，而捆人的两个强盗，早已溜得不见了踪影。

林则徐明白父亲讲这故事的心意，当场亲笔书写"制怒"两字，制成横幅，作为座右铭，并随身带着。在之后几十年的为政生涯中，不论处境多么艰难，他都时刻警示自己改正掉急躁易怒的毛病，任何时候都不要失去理智。

美德格言警句

◆善人者，人亦善之。　　　　　　　　　　　　　　　——管仲

◇君子莫大乎与人为善。　　　　　　　　　　　　　　——孟子

◆勿以恶小而为之，勿以善小而不为。　　　　　　　　——刘备

◇交善人者道德成，存善心者家里宁，为善事者子孙兴。——方孝孺

◆天道无亲，常与善人。　　　　　　　　　　　　　　——老子

◇与人善言，暖于布帛；伤人以言，深于矛戟。　　　　——荀子

◆人而好善，福虽未至，祸其远矣；人而不好善，祸虽未至，福其远矣。

　　　　　　　　　　　　　　　　　　　　　　　　——曾子

◇积善之家，必有余庆。　　　　　　　　　　　　　——《周易》

◆人谁无过？过而能改，善莫大焉。　　　　　　　　——《左传》

◇大学之道，在明明德，在亲民，在止于至善。　　　——《大学》

◆上善若水，水利万物而不争，处众人之所恶，故几于道。——《道德经》

◇善气迎人，亲如弟兄；恶气迎人，害于戈兵。　　　　——管仲

◆善不可失，恶不可长。　　　　　　　　　　　　　——《左传》

◇一言之善，重于千金。　　　　　　　　　　　　　　——葛洪

◆善为至宝，一生用之不尽；心作良田，百世耕之有余。——民谚

◇见善则迁，有过则改。　　　　　　　　　　　　　——《周易》

◆三人行，必有我师焉，择其善者而从之，其不善者而改之。——《论语》

◇见善思齐，足以扬名不朽；闻恶能改，庶得免乎大过。——《贞观政要》

◆人有善念，天必佑之，福禄随之，众神卫之。　　　——《周易》

◇日行一善，善福增长。每日常行，福泽德被。　　　　——方海权

122

美德知识小检测

建议： 初中阶段完成判断题，高中阶段完成选择题。

（一）判断题（正确的打"√"，错误的打"×"）

（　　）1. 有同学在背后说你的缺点，你得知后立即怒气冲冲找他理论。

（　　）2. 在校园见到老师主动问候，与同学友好交谈。

（　　）3. 班上有一个同学性格很孤僻，我们都不愿意跟他说话。

（　　）4. 同学之间有时相互给对方买点小礼物，说明友谊一定需要有物质为基础的。

（　　）5. 要做到心怀善意，我们就要多多自省，追问内心是否做到了真诚。

（　　）6. 中国传统美德不追求高朋满座的交往，认可的是诚心待人的君子之交。

（　　）7. 面对我们不认同、不喜欢的人，我们不必真诚地与他们交往。

（　　）8. 对于班上极个别素质低下、品德不好的同学，我们要远离他们。

（　　）9. 接纳自己的缺点与不足，敢于面对真实的自己。

（　　）10. 友善是当今社会公民维系良好人际关系和社会关系的基本道德规范。

（二）选择题（1~5题是单选题，6~7题是多选题）

1. 下列历史典故中体现善这一美德的是（　　）。

   A. 管鲍之交　　　　B. 苏武牧羊

   C. 海瑞罢官　　　　D. 杨震却金

2. 班上小欧同学的父亲突遭车祸身亡，下列做法不妥的是（　　）。

   A. 写张小纸条安慰他

   B. 告诉其他班的好朋友这个"新闻"

   C. 帮助他做班上的清洁卫生

   D. 发动全班同学募捐，给予他一定的资助

3. 当我们感觉被他人"冒犯"的时候，对此正确的做法是（　　）。

   A. 体察对方的内心世界，或许能达成谅解

B. 耿耿于怀，找机会报复

C. 隐忍退让，惹不起我还躲不起

D. 对方凶，我也凶，谁怕谁

4. 小桃的个子矮小，下巴长得比较尖，学习成绩也不好，经常受到同学的嘲讽，你认为用哪一句话不能有效劝告他的同学（　　）。

A. 仅从外貌判断一个人，那是极其肤浅的

B. 小桃是可以采用暴力手段报复你们的

C. 要增强平等意识，平等对待他人

D. 己所不欲，勿施于人

5. 在日常生活中，人与人之间有时难免会发生一些矛盾或冲突。下列俗语中未能体现用智慧化解矛盾冲突的有（　　）。

A. 宰相肚里能撑船

B. 得饶人处且饶人

C. 人善被人欺，马善被人骑

D. 忍一时风平浪静，退一步海阔天空

6. 一名失去双手的顾客前往餐厅就餐，一名年轻服务生见状立即坐到他的对面，面带微笑细心地喂食。这一善举被一名顾客用手机拍摄下来，并上传至网络，获得众多网友点赞。网友的点赞告诉我们（　　）。

A. 要平等待人，不歧视他人

B. 尊重他人，能赢得他人的尊重

C. 要换位思考，理解别人的难处，与人为善

D. 要满足他人的一切要求

7. 小林的家庭很殷实，他爸爸经常做一些慈善事业。你认为下面的行为，哪些是可取的慈善行为（　　）。

A. 给红十字会等正规慈善机构捐款

B. 给灾区群众带去生活日用品

C. 经常以高价向一些穷人收购家里不需要的东西

D. 购买大批书籍，赠送给当地中心小学

美德越辨越明

建议： 初一选择第1、2个问题，初二选择第3、4个问题，高一选择第5、6个问题，高二学生选择第7、8个问题。

1. 公交车上，一个小女孩给一个老大爷让座，老大爷和他的女儿很尴尬。老大爷的女儿使劲儿给老大爷使眼色，可老大爷还是说了声谢谢，便坐下了。

   过了一会儿，小女孩高高兴兴地下车了，可她没有注意到老大爷一直咬紧牙关。老大爷和他的女儿下车后，女儿抱怨道："爸，你明知道自己屁股受伤了，为什么还要坐下呀！"老大爷说："我不想让善良的人失望。"

   请结合老大爷和小姑娘的行为，谈谈你对善的理解。

2. 班上的小杜同学在一大型超市门口旁，给了一个乞讨的残疾人50元钱。同学们得知后，一度引发热议。有的为他的行为点赞；有的说他太傻；还有的说，现在不少的乞丐是装可怜，甚至是被犯罪集团控制住的，不值得捐助。

   你怎样看待小杜同学的这种行为？并做深入思考：如何让善行能够得到善的结果？然后与同学们交流一下。

3. 2020年初，面对突如其来的新冠疫情，中国人民众志成城，有钱出钱，没钱出力，都在为抗疫尽力。不少商业大佬和明星大腕也在用捐钱捐物表示心意，让人感动。但到2020年2月底，著名慈善家、房地产商潘石屹却没有捐款，也没表示准备捐款。不少网民对他进行嘲讽、指责和批评，责问他为美国大学捐款1500万美元，为何不给武汉捐？但也有人认为，捐款是个人行为，没有硬性的义务和要求，我们不能对此进行"道德绑架"，对他人进行"逼捐"。

面对上述不同的争议，你持什么观点呢？请说说你的理由。

4. 班上的玲玲同学平时沉溺于手机，喜欢上网打游戏、聊天等，几乎是"机不离手"。自从学校明确禁止学生带手机入校后，班上的住读生几乎都把手机交给了班主任保管，但她经常谎称手机没有带来，把手机藏在书包里，利用自习或下课时间偷偷地拿出来玩。

同桌的佳佳同学是一个喜欢读书的女孩子，纪律意识比较强，作为住读生的她，每周都如实把手机上交给了班主任。当她看到玲玲偷偷玩耍手机时，心里很是矛盾：提醒她遵守纪律吧，可能遭到反唇相讥；给班主任反映吧，更要背上"告密"的黑锅；如果视而不见，不提醒她吧，哪一天事情暴露了，她被学校处分，自己于心不忍。

佳佳如何用友善的方式帮助玲玲遵守学校的手机管理制度？请你给佳佳同学提一些合理化建议。

5. 班上有一个叫小于的男生，长得人高马大的。他不但成绩差，而且在课堂上爱捣蛋，更令大家气愤的是他爱骂人，还欺负班上的好几个女生，如果哪个学生给老师"告状"，他一定会报复的。可以说，小于是大家心目中最不受欢迎的同学。

前几天，小于下晚自习骑车回家，在公路上一阵横冲直撞，被迎面而来的大卡车刮伤倒地，最后被送到医院住院治疗。

对此，同学们纷纷议论。有人说小于平时坏事做多了，活该，是老天爷在惩罚他，不值得同情；有人说他是我们班上的一员，建议大家捐点钱买些东西去看望他……

同学们，你赞同哪一种说法？请说出原因，并代表小组在班上辩论。

6. 生活中不缺少善意的谎言：有个老妈妈得了肾病，如果不换肾的话生命就会受到威胁，这时大儿子站了出来要求给妈妈捐肾，这可疼坏了老妈妈，老妈妈强烈反对，说要是这样自己还不如死了算了。没办法只能等待条件匹配的肾源，可是要等到这样的肾源真是很不容易，大儿子怕耽误了母亲的病情，于是和家人商量后，骗过了母亲，把自己的一个肾脏捐给了母亲。手术成功后家人还瞒着这位老妈妈。最让人感动的是老妈妈和大儿子住在隔壁病房，老妈妈是不知道的，当老妈妈想见大儿子时，家人只是骗她说大儿子去出差了。

你是否理解和接受此类善意的谎言？请与同学议一议。

7. 熟悉《三国演义》的同学都知道刘备摔阿斗的故事。当阳一战，刘备损失惨重。赵云在身受重伤的情况下，仍再次闯入重重包围的曹军阵地，拼死抢回阿斗，并把幼小的阿斗裹在胸前的铠甲里。当赵云把阿斗完好无损地交给刘备时，刘备却要举起孩子，准备摔死他，还生气地说："差点因为这孩子，折损了我一员大将呀。"有人认为刘备在收买人心，假慈悲，是伪善，是摔给别人看的，让赵云和其他手下更忠心。

你觉得刘备是伪善吗？请结合有关资料加以辨析。

8. 近年来，众人对路上摔倒的老人或被撞到的行人冷漠相待、不予施救的新闻不断出现，"彭宇案"再次被纳入公共讨论的范围。彭宇案，是指发生在2006年引起极大争议的民事诉讼案。一个老人在南京过马路时被撞，摔成骨折，老人指认撞人者是刚下车扶她的小伙子彭宇，彭宇则予以否认，老人随后把彭宇告到法院。

"扶不扶"仿佛成了一个困扰人们多年的"中国式难题"，提供救助怕被对方反咬一口，不提供救助又将面临良心上的谴责。

假如你在路上遇到类似的事情，你认为到底应该扶不扶？请说明具体原因，并提出解决这一"中国式难题"的有效措施。

美德我践行

建议： 中学生在践行中既要知其含义，更要结合具体的现实问题去实践，真正做到知行合一。初中阶段践行前4个内容，高中阶段践行后4个内容。当然，也可以根据实际情况，自行拟订活动内容并认真践行。

1. 自己早上到教室迟到了几分钟，受到老师或班干部批评时，态度要诚恳，不急于争辩，要善意地接受对方提出的意见。

2. 不要有意疏远班上有特殊体质的同学，或者取笑他们，相反要多与他们交谈，争取做他们的知心朋友。

3. 反省自己一周之内有没有说过脏话粗话？如果有，请回忆一下有哪些不妥的话，并注意改正。

4. 班上有家境不好，或者突然遭遇不幸或灾难的同学，应该私下关心他们，拟出几条具体的践行举措。

5. 假如你好心去帮助了别人，却遭到了他人的误解，请你采用一种恰当的方式友好地解决。

6. 在家与父母亲人，或在校与老师同学交谈时，语气温和，面带微笑，与他们好好说话。

7. 积极报名参加学校或社区组织的各种慈善活动或者志愿者活动，在社会实践中不断提升自己善良的品德。

8. 观察一下，在放学后上公交车时，有多少同学有序上下车，不抢座位，主动给老弱病残让座。如果做得不好，请提出几点措施加以改正。

美德大家评

建议： 初中阶段选1~10条内容，高中阶段选11~20条内容来评价。每学年选4~5条，也可自己拟订其他内容来践行并评价。

|班级| |姓名| |日期|

评价方式	评价内容			
	自我评	小组评	班级评	家长评
1. 关心残疾人，不给同学取侮辱性的绰号				
2. 不随意叫老师的名字				
3. 学校举行捐款时，力所能及多捐点				
4. 在公交车上，主动给老弱病残孕让座				
5. 善待自己和他人的生命，远离自虐行为				
6. 善待小动物，不虐待它们				
7. 主动拾取校园内公共地段的垃圾				
8. 了解邻里的情况，进出与他们打招呼				
9. 不在背后说老师同学的坏话				
10. 不信谣不传谣				
11. 不说粗话脏话				
12. 犯了错，勇于承认				
13. 作业做得不好，及时改正				
14. 看到班上同学在难过伤心，主动去安慰				
15. 在校园内不起哄，不大声喧哗				
16. 见义勇为，对校园暴力敢于说"不"				

|续表|

评价方式	评价内容			
	自我评	小组评	班级评	家长评
17. 同学打架时赶快去劝解				
18. 有同学在校偷偷玩手机，善意地批评				
19. 不在网上发表不当言论				
20. 不打听他人隐私				

注：1. 请在后面4个空栏里，每年自行拟订1条内容填上并实践。2. 评价等级为优、良、中三种。

本章"美德知识小检测"参考答案如下：

一、判断题　1.×　2.√　3.×　4.×　5.√　6.√　7.×　8.×　9.√　10.√

二、选择题　1.A　2.B　3.A　4.B　5.C　6. ABC　7.ABD

第八章 谦

"谦受益，满招损。""虚心使人进步，骄傲使人落后。"谦是中华民族的传统美德，是我们不断进取和获得成功的必要条件。尧舜禅让的传说，"孔融让梨""王泰让枣"的故事以及"六尺巷"留下的佳话，都体现了古人谦逊礼让的优良品德。我们无论是治学练艺、待人处事，还是创建文明家园、构建和谐社会，都离不开谦虚恭顺的美德。作为一名中学生，在日常学习与生活中应当做到：谦虚谨慎，不骄不躁，尊重他人，正确认识自身不足，虚心接受他人意见。

美德我知道

"谦"之解读

《说文解字》:"谦,敬也。从言,兼声。""言"表"谦"的意义,即用言语表达自己的欠缺与不足。由此可知,谦的含义侧重于表达内心的恭顺谨慎。作为美德之一的"谦",是一种君子风度,集中体现为人际交往的礼节修养和工作生活的虚心好学、不自满、不自大。同时,"谦"要求以敬畏和恭谨的态度,找准我们在宇宙和社会中的位置。

谦,首先体现为虚心和谦让。虚心主要是指能认识自己的不足和缺点,不夸大自己的能力或价值;做事低调,不张扬;虚怀若谷,能虚心接受他人的批评和建议;积极向优秀者学习;不自满,不鲁莽,不傲慢,不一意孤行。谦还有谦让的含义,是指谦虚地礼让或退让。谦让集中体现在荣誉、利益面前谦让不争,人际关系中互相尊重,即使在竞争激烈的时代,我们仍需保持谦让这种美德。另外,谦还是一种态度,即谦逊温和,使人易于接近。在社会生活中,我们要与人为善,屈己待人,以礼待人,即达到个体内心和平,以及人与人之间的和谐状态。

需要指出的是,在市场经济社会和我们的学习生活中,谦虚并不排斥竞争,锐意进取与谦让合作完全可以共存。另外,谦让不同于无原则的退让,也不是被动的忍让。当然,过度的谦也是不可取的,因为过分的谦虚可能变成另一种虚伪,降低自己的尊严,影响自我价值的实现。

"谦"之演变

中华民族自古是一个崇尚谦让的民族,性格比较内敛,不事张扬,善于自我节制,因而以谦为美,视谦为君子风度,以谦为道德标准。儒家十分推崇谦,孔子"三人行,必有我师焉""我非生而知之者,好古,敏而求之者也"等语录,都包含着谦虚的内容,并将其视为君子必备的基本美德。

谦的形成演变经历了三个阶段，即从对天的谦虚敬畏，到对人的谦虚尊敬，再发展为一种普世美德。

第一阶段是对天的谦虚敬畏。《周易》记载："天道亏盈而益谦，地道变盈而流谦，鬼神害盈而福谦，人道恶盈而好谦。谦，尊而光，卑而不可逾，君子之终也。"《尚书》曰："谦受益，满招损，时乃天道。"意思是谦符合天道，即损有余而补不足，以达到平衡。从孔子到董仲舒，都用儒家倡导的天道观来解读谦，教导人们要时刻保持谦卑之心，不得违背天意。

第二阶段是对人的谦虚尊敬，即对位高者、德高者、辈高者的谦卑敬畏。这是基于长幼尊卑，面对比自己辈分高、能力强的人表现出的态度，谦由此从"天道"转为"人道"。《周易》中"谦卦"有"谦谦君子，卑以自牧也""谦也者，致恭以存其位者也"等内容。谦在规范社会统治秩序和融洽人际关系中发挥了重要作用，人们常用愚、鄙、敝、卑、窃、仆等词语来称呼自己，以表现说话者的卑下，同时对尊者、长者、贤者多用敬辞来表达敬重和尊崇之意。

第三阶段是成为普世美德。传统文化的"谦"德，随着时代的变迁，已成为一种海纳百川的胸怀，一种谦冲自牧的智慧，一种谦和共生的修养。由于历代统治者的倡导、中国传统文化的浸染，以及千百年人民群众的传习，谦成为全社会全民族的普世美德。儒道两家都强调谦以下物、谦以待人，认为唯柔才能刚，唯谦才能尊。谦虚谨慎、虚怀若谷，已成为中华民族优秀人格的代表品质。

当今时代，我们要处理好竞争与谦德之间的关系，扬长避短，既要积极参与各种竞争，又要注意保持谦虚、谦让与谦和。

"谦"之作用

"谦受益，满招损"，作为美德之一的谦，在中国传统文化中是追求个人修身养性、为人处世的重要组成部分。"人道恶盈而好谦""贪满者多损，谦卑者多福"等，这些警句哲理已经深深扎根于中华民族灵魂深处。

谦有益于修德。《易·系辞下》："谦，德之柄也。"孔颖达疏："言为德之时，以谦为用，若行德不用谦，则德不施用，是谦为德之柄，犹斧刃以柯柄为用也。"一个人只有处处谦虚，时时努力，才能使自己的品质趋于完善。只有谦虚者才会看到自己的不足，才会不断吸取他人优点，不断完善丰富自己的德行。

谦有益于为学。孔子曰："学而不厌。"荀子曰："学不可以已。"学习没有止境，只有秉持谦虚的态度，才能不断进步。相反，如果一个人不谦自满，就会觉得自己不必学，不想学，稍微有点成绩就沾沾自喜，自以为了不起，进而不愿意继续学习了。"人心虚则学所进，盈则学所退"就是这个道理。

谦有益于待人。谦能营造和谐的集体环境和良好积极的人际关系。朱熹曾言："凡事谦恭，不得尚气凌人，自取耻辱。"只有以谦待人，才能结交真正的朋友，正如古人所言："满则奸佞之人进，谦则谅直之友来。"学会谦和，大家就能取长补短，共同进步。

谦还有益于治国安邦，促进经济社会可持续发展。如果全社会人人都谦虚谨慎、戒骄戒躁，具有忧患意识，才能获取进步的动力。

"谦"之要求

《易经》中有言："有大者不可以盈，故受之以谦。"真正做到谦，既要在内心深处充分认识到自己的不足，要看到别人的优点。在与人交谈时谦虚而诚挚，尊重对方，保持平和坦诚的态度。任何时候切不可有自满之心，而应当虚怀若谷。

谦虚

1. 老师批评自己时不顶撞，有则改之，无则加勉。
2. 承认自己有很多不懂的知识。
3. 看到自己进步的同时，也要看到自己与优秀者之间的差距。
4. 发现父母的优点，并向他们学习。
5. 不懂多问，经常向老师虚心请教。
6. 认真听取他人意见，虚心接受批评。
7. 虚心学习他人的优点，包括成绩不好的同学。
8. 取得优异成绩时，不得意忘形，要感恩他人。
9. 学会接纳别人的缺点。
10. 欢迎别人指正自己的错误，不要为自己的错误找借口。

谦让

1. 乘坐公交车时，先让老人和小孩上车、下车。
2. 下课铃声响后，不要堵在教室门口，让老师先行。
3. 排队时，让位给确实有急事的人先办事。
4. 与同学发生争执或矛盾时，冷静下来多做自我批评，并明智地退让一步。
5. 参加集体娱乐活动时，把机会让给还没有参加过的同学。
6. 同学惹你生气时，先忍一忍，不要冲动。
7. 与他人交谈，多用谦词。
8. 别人给你道歉，自己也要以礼相让。
9. 骑自行车时，要礼让行人。

谦和

1. 与人交谈，态度温和，音量适中。
2. 尊重他人的个性和生活习惯，宽以待人。
3. 面对同学的坏脾气时态度温和，不争吵。
4. 包容父母的缺点。
5. 不要揭他人伤疤，不拿他人的缺点开玩笑。
6. 面对同学的小缺点，不计较，宽以待人。
7. 对自己的任课教师不挑剔，包容他们的一些小失误。
8. 尊重他人、宽以待人，发生矛盾时多做自我批评。
9. 屈己待人，受点小委屈、吃点小亏不要耿耿于怀。
10. 己所不欲，勿施于人。

美德故事我来讲

本章的美德故事,《子贡的谦逊》《"时代楷模"张富清》侧重于谦逊,建议初一使用。《扁鹊自谦》《顾炎武虚怀若谷》侧重于谦虚,建议初二使用。《"六尺巷"的来历》《粟裕三次辞帅》侧重于谦让,建议高一使用。《将相和》《千古一伯乐》侧重于谦和,建议高二阅读。

子贡的谦逊

叔孙武叔是鲁国的一位大夫,他有一天在朝廷上对大夫们说:"子贡比仲尼更贤德。"这些话后来传到子贡的耳朵里。

面对叔孙武叔对老师孔子的评价,子贡说:"拿围墙来做比喻,我家的围墙只有齐肩高,老师家的围墙却有几仞高,如果找不到门进去,你就看不见里面建筑的宏伟,器物的精美。能够找到门进去的人并不多。叔孙武叔那么讲,不也是很自然吗?"

别人也对子贡说:"你是谦恭了,仲尼怎么能比你更贤良呢?"

子贡说:"夫子的高不可及,就像天是不能顺着梯子爬上去一样。夫子如果能治国,那就会像人们说的那样,教百姓立于礼,百姓就会立于礼,要引导百姓,百姓就会跟着走;安抚百姓,百姓就会归顺;动员百姓,百姓就会齐心协力。夫子其生也荣,其死也哀,我怎么能赶得上他呢?"

"时代楷模"张富清

2018年12月3日,在湖北省恩施州来凤县人社局退役军人信息采集点,当地一名默默无闻的离休干部张富清,在工作人员的见证下打开了一个红色包裹,里面有报功书和军功章,由此揭开了张富清不为人知的红色往事。

原来张富清是原西北野战军的一名战士,共产党员,在解放战争的枪林弹雨中九死一生，先后荣立一等功三次、二等功一次，被西北野战军记"特等功"，两次获得"战斗英雄"的荣誉称号。1955年，张富清主动申请退役转业到湖北省最偏远的来凤县工作，先后在县粮食局、三胡区、卯洞公社、县建行等单位工作，为贫困山区奉献一生。

张富清的事迹感人肺腑，他取得赫赫战功却十分谦虚低调，几十年来一直深藏功名，不矜不伐，他没有因为功劳向组织提过特殊待遇，没有给他人炫耀过功勋战绩，连他的儿女也不知情，这充分彰显了共产党人坚守初心、不改本色的优秀品格。

自2019年5月起，张富清先后被授予"时代楷模""全国模范退伍军人""共和国勋章"等荣誉称号，成为亿万中国人学习的英雄榜样。

扁鹊自谦

扁鹊是我国古代的名医，他不仅医术高明，为人还十分谦虚。有一天，大病初愈的魏文王询问扁鹊说："你们家兄弟三个都从医，都精于医道，但是到底谁的医术最好呢？"

扁鹊毫不犹豫地说："我大哥的医术最高明，其次是我二哥，医术最不济的是我。"

文王对扁鹊的回答很吃惊，于是又问："那为什么你最有名呢？"

扁鹊回答说："我大哥是在病人有隐患但还未发病前治病。由于一般人不知道他事先能铲除病因，也很少有人在发病前就看病，所以他的名气无法传出去，只有我们家的人才知道。我二哥是在病人的病情刚发展起来的时候治病。一般人以为他只能治轻微的小病，所以他只是在乡里有名气。而我是在病人病情严重的时候治病。一般人都看到我在经脉上穿针管来放血、在皮肤上敷药等大手术，所以认为我的医术高明，名气因此响遍全国。"

顾炎武虚怀若谷

明末清初的大学者、思想家顾炎武,学识渊博,而且有着高尚的谦逊美德。他自己经常对照别人来检查自己,发现自己的不足。他说,在探讨自然与人世、具有坚韧不拔的精神方面,我不如王锡阐;在刻苦读书增长才干、探索深奥洞察细微的方面,我不如杨雪臣;在专门精研儒家"三礼",成为具有高超见解的一代经师方面,我不如张尔岐;在各家学说之外独立思考以求更深见解的方面,我不如傅山;在艰苦条件下还能独立攻读、无师自通的方面,我不如李容;在能够经历各种艰难险阻、随时适应环境变化的方面,我不如路安卿;在博闻强记、无所不知的方面,我不如吴任臣……

正因为顾炎武能够从别人的长处看到自己的差距,虚怀若谷,勤奋好学,吸取众家之长,最终成为明末清初三大学者之一。

"六尺巷"的来历

安徽的桐城,有一条巷子特别出名,人们总爱讲起这条巷子的来历。

清朝康熙年间有个大学士名叫张英。一天,张英收到家信,家人称为了争三尺宽的宅基地,与邻居发生纠纷,要他利用职权疏通关系,务必打赢这场官司。张英看完信后坦然一笑,挥笔写了一封信,并附诗一首:"千里修书只为墙,让他三尺又何妨。万里长城今犹在,不见当年秦始皇。"意思是劝告家人要学会谦让,不要为小事而斤斤计较,何必为了一点利益争来抢去呢?张家人看罢来信,深深领会到张英和睦礼让、豁达明理的胸襟,立即让出三尺地。邻居看张家礼让三尺,也随即退后三尺。两家不仅化解了纠纷,还为过路的行人留下了一条六尺宽的通行巷道,大大方便了百姓。

粟裕三次辞帅

共和国第一大将粟裕将军戎马一生，用兵如神，战功显赫。在中国革命战争史上，他多谋善断，敢打险仗硬仗，取得了一系列堪称经典战役的胜利，比如孟良崮战役、淮海战役等，从而为中国革命的胜利做出了杰出的贡献。但他先后三次辞帅的故事鲜为人知。

1945年他让了华中军区司令员，1948年让了华东野战军司令员，1955年到了评军衔问题时，粟裕很有可能当元帅，但他有自己的考虑，几次诚恳要求不当元帅。毛泽东说："论功、论历、论才、论德，粟裕可以领元帅衔。"周恩来也说："粟裕二让司令一让元帅，人才难得……"1955年，经毛泽东提议，粟裕被授予大将军衔，位列十大将之首。

谦逊的粟裕将军高风亮节，让的是职衔，担的是责任。

将相和

战国时赵国有一位门客叫蔺相如，他奉命出使秦国，不辱使命，完璧归赵，被封了上大夫。后来他陪同赵王赴秦王设下的渑池会，在宴会上与秦王斗智斗勇，使赵王免受秦王侮辱。赵王为表彰蔺相如的功劳，封他为上卿。

老将廉颇认为自己战无不胜，攻无不克，而蔺相如只不过是一介文弱书生，只有口舌之功却比他官大，对此心中很是不服，便屡次对人说："以后让我见了蔺相如，必定会羞辱他。"

蔺相如知道此事后，请病假不上朝，尽量不与廉颇相见。蔺相如的门客也纷纷告辞，觉得蔺相如胆小怕事，不足以成大事业。蔺相如对他们说："以秦王那样的威势，我蔺相如却敢在秦国的朝廷上呵斥他，羞辱他的群臣。我蔺相如虽然才能低下，难道偏偏害怕廉将军吗？我想到的是，强大的秦国之所以不敢轻易对赵国用兵，只是因为有我们两个人在啊！如果现在两虎相斗，势必不能共存。我之所以这样做，是以国家之急为先而以私仇为后啊！"

廉颇听到这话，很是羞愧，就脱去上衣，背着荆条，到蔺相如家的门前请罪，说："我这个粗陋卑贱的人，想不到上卿宽容我到这样的地步啊！"

两人终于相互交欢和好，成为生死与共的朋友，共同辅佐赵王治理国家。

千古一伯乐

欧阳修对有真才实学的后生极尽赞美，竭力推荐，使一大批当时还默默无闻的青年才俊脱颖而出，名垂后世，堪称千古伯乐。其中对于苏轼的推荐更是不遗余力。

作为北宋文坛盟主的欧阳修性格随和，有宽广的胸襟和爱才之心，看见别人比自己优秀，不但不嫉妒，反而会竭尽全力地去推荐。他在《与梅圣俞书》中写道："读轼书，不觉汗出。快哉快哉！老夫当避路，放他出一头地也。"欧阳修曾和儿子欧阳棐谈到苏轼时说："你记住我的话，三十年后，世上的人只知道苏轼，再也不称道我的诗文了。"欧阳修想方设法推荐宣传苏轼的文章，让他出人头地，不怕这位后生盖过自己的名头。由此可见他光明磊落、心胸坦荡、为人谦和的高尚情操。

欧阳修还推荐提携了苏辙、曾巩、王安石等青年才俊，和自己一起，名列唐宋散文八大家。后人称之为"千古一伯乐"。

美德格言警句

◆ 尺有所短，寸有所长。物有所不足，智有所不明。 ——屈原

◇ 不傲才以骄人，不以宠而作威。 ——诸葛亮

◆ 强中更有强中手，莫向人前满自夸。 ——冯梦龙

◇ 我的座右铭是：人不可有傲气，但不可无傲骨。 ——徐悲鸿

◆ 有一道，大足以守天下，中足以守国家，小足以守其身，谦之谓也。——《周易》

◇ 君子泰而不骄，小人骄而不泰。 ——孔子

◆ 天地鬼神之道，皆恶满盈；谦虚冲损，可以免害。 ——《颜氏家训》

◇ 谦虚是学习的朋友，自满是学习的敌人。 ——民谚

◆ 赶脚的对头是脚懒，学习的对头是自满。 ——民谚

◇ 成就是谦虚者前进的阶梯，也是骄傲者后退的滑梯。 ——民谚

◆ 劳谦虚己，则附之者众；骄慢倨傲，则去之者多。 ——葛洪

◇ 满盈者，不损何为？慎之！慎之！ ——朱舜水

◆ 月满则亏，水满则溢。 ——俗语

◇ 短不可护，护短终短；长不可矜，矜则不长。 ——聂大年

◆ 临事让人一步，自有余地。临财放宽一分，自有余味。 ——高景逸

◇ 不骄方能师人之长，而自成其学。 ——谭嗣同

◆ 盛满易为灾，谦冲恒受福。 ——张廷玉

◇ 虚心使人进步，骄傲使人落后，我们应当永远记住这个真理。 ——毛泽东

◆ 好说己长便是短，自知己短便是长。 ——申居郧

◇ 九牛一毫莫自夸，骄傲自满必翻车。历览古今多少事，成由谦逊败由奢。

——陈毅

美德知识小检测

建议：初中阶段完成判断题，高中阶段完成选择题。

（一）判断题（正确的打"√"，错误的打"×"）

（　　）1. 不要用挑剔的眼光看待老师和同学。

（　　）2. 谦虚不是虚伪，更不是虚弱，而是放开心胸容纳他人，低下头来尊重他人。

（　　）3. 当你发现老师讲课有误时，可以采用恰当的方式指出来。

（　　）4. 谦让是一种美德，你谦让他人，就会赢得他人的尊重，提高你在他们心目中的地位。

（　　）5. 过分的谦虚会让我们丧失自信和斗志。

（　　）6. 孔融让梨的故事，对培养当代青少年谦让的品质仍有教育意义。

（　　）7. 谦虚要适度，否则将被人认为不诚恳。

（　　）8. 只有不断学习，发现自己的不足，才能做到谦虚。

（　　）9. 谦要求宽容他人，但宽容不是毫无原则的，这个原则就是保持自己的独立人格。

（　　）10. 向成绩不如自己的同学请教，很没有面子。

（二）选择题（1~5题是单选题，6~7题是多选题）

1. 下列各句中，表达得体的一句是（　　）。

　　A. "承蒙您一路上的关照，以后若有需要，可以到贵府来找我。"小李感激地说。

　　B. 大张捧着字画对主任说："拙荆在美术院工作，这是她的水墨丹青，请您笑纳。"

　　C. 先生能够驾临寒舍，我全家感到十分荣幸，他日定当登门拜访，还望洒扫以待。

　　D. 令郎能在这次全国物理竞赛中折桂，多亏您悉心教导，我略备薄酒，以示感谢。

2. 下列各句中，表达不得体的一句是（　　）。

　　A. 接受师长邀请：感谢您的美意，定去舍下候教

　　B. 称赞对方作品：拜读您的大作，鄙人获益匪浅

　　C. 祝贺开张大吉：祝贵公司生意兴隆，财源广进

　　D. 初见单位同事：这是我的手机号码，请您惠存

3. 下列名言体现谦虚美德的是（　　）。

　　A. 如果我比笛卡尔看得远些，那是因为我站在巨人的肩上的缘故

　　B. 谁知盘中餐，粒粒皆辛苦

　　C. 不以物喜，不以己悲

　　D. 谁言寸草心，报得三春晖

4. 下列各词属于谦辞的是（　　）。

　　A. 寒舍　　B. 雅正　　C. 高见　　D. 府上

5. 下列典故中突出"谦"这一美德的有（　　）。

　　A. 缇萦救父　B. 举案齐眉　C. 张良拜师　D. 孟母三迁

6. 下列属于不谦虚的表现有（　　）。

　　A. 胸无大志的人说："我这个人没有什么追求。"

　　B. 上台发言之前，说："我水平有限。"

　　C. 辩论场上，微笑地说："我的意见可能不太成熟。"

　　D. 困难面前，面临巨大的挑战，说："看来我是真的顶不住了。"

7. 青少年要克服妄自尊大的缺点，应该做到（　　）。

　　A. 多虚心向别人学习，多发现别人的优点

　　B. 通过换位思考的方法，站在别人的角度去考虑问题

　　C. 学会宽容，不要觉得凡事都是别人的不对，懂得认同别人

　　D. 学会自我控制，拥有积极健康的心理

美德越辨越明

建议： 初一选择第1、2个问题，初二选择第3、4个问题，高一选择第5个问题，高二学生选择第6个问题。

1. 班干部慧慧是个聪明可爱的女孩，不仅成绩优秀，还能歌善舞，发展全面，是一个非常优秀的中学生。在学校，老师看着就喜欢，班主任更是视为"骨干"；在家里，父母视为掌上明珠，宠爱有加。渐渐地，她越来越自命不凡，且狂妄自大，总觉得自己了不起。如果其他同学在某方面很优秀，她就很不服气，说人家坏话。如果遇到某些问题自己知道而朋友不懂时，她总爱说"这么简单的问题都不懂，你真是个笨蛋"这类伤人的话，借此蔑视和嘲笑别人。也许正是她的这种态度，导致她最近在班干部竞选中落选了，回到家里，慧慧就哭了起来，午饭都不吃了，边哭边说："除了我没有人有能力当，凭什么不选我？"

你认为成绩优秀的慧慧落选的真正原因是什么？分组讨论并发言。

2. 小颖成绩一直很优秀，是班上的学习委员。最近与她同坐一桌的男生兵兵，却是班上典型的"调皮匠"，除了上课不听讲，他还经常用胳膊肘抵上课的小颖。下课后小颖曾找兵兵交涉过，但收效甚微。渐渐地，小颖就不再谈这件事了，只是让着兵兵。班上有的同学为小颖打抱不平，说她太软弱了，应当向老师告发兵兵，让他得到惩罚。小颖左右为难，心里想："这样做对吗？如果我为了这事激怒了兵兵，又该怎么办？"

小颖是谦让还是软弱？对此，你怎么看？请发表自己的看法，并分组讨论。

3. 在充满竞争的市场经济时代，人们对包括"谦和"在内的传统价值观念发生了分歧。有人认为，谦和的态度会导致个人对权威的顺从。过于自我约束、放低自己的姿态，便会隐藏自己的想法；谨言慎行，形成不与他人发生争执和冲突的心态或行为，这是压抑个性。也有人认为，谦和的态度会让人认真听取他人的意见，从中吸收有价值的东西，找到合理的解决方案，这种善于倾听并完善自己的处世方式，会赢得别人的尊重。

你认为当今竞争激烈的社会，有必要保持谦和的态度吗？请充分阐述理由，并参与小组交流。

4. 学校组织"学生魂"主题系列辩论赛，决赛阶段的辩题是：中学生应该张扬个性还是应该谦逊内敛？正方认为，社会这个大舞台要的是不断推陈出新，所需要的人才是具有创造性、独特性格的人。在这个竞争激烈、优胜劣汰的环境里，我们更需要的是张扬个性，勇于表现自我，充分展现自己的风采，这样才能让我们锐意进取，实现自我人生价值，所以张扬个性是一种自信，也是一种勇气。现实社会中有不少张扬个性而成为社会表率的人，同学们都很认同，比如谷爱凌、武大靖。

如果你是反方，你如何阐述自己的观点？请分组讨论。

5. 小乐是某名牌大学工业自动化专业的毕业生，有一次他来到一家公司应聘动力设备部经理助理时，公司面试官问他："你觉得你能胜任应聘的职位吗？"小乐答道："现在我还谈不上能胜任，但我可以多向领导和老员工们请教，把工作的过程当作学习的过程。努力积累经验，争取胜任该职。"

当面试官把他带到生产车间进行实地参观的时候，小乐又说道："哇，这么先进的设备，我还从没有见过呢，如能应聘上，一定好好学习，钻研这些先进的技术，希望公司能给我一个学习的机会。"面试官对他说："我们招聘的是能胜任本职位工作的人才，要能立即派上用场，而不是招收培训生。"

小乐在应聘过程中的表现是否算得上谦逊呢？他应聘失败的经历给我们什么教训？请大家积极讨论。

6. 荆州历来是个大粮仓，是屯兵养兵的好地方。三国时期刘备在成都自封蜀汉皇帝，把荆州九郡的军政大权交给关羽。孙权一直念念不忘要夺回荆州。吕蒙代替鲁肃为都督后，主张谋算关羽，夺取荆州。他推荐当时还没有什么名气，但很有心计的年轻书生陆逊接替他职务。陆逊上任后马上写信给关羽，称颂关羽的功德，表明自己才疏学浅，担当此任实在是勉为其难。

关羽很轻视陆逊，讥笑孙权没见识，用个毛孩子当都督。他把荆州大部分兵马调到樊城前线与曹军大战，后来东吴趁机夺取了荆州，关羽等人被杀。

俗话说"大意失荆州"，关羽失掉荆州，你认为真的是疏忽大意导致的吗？请结合有关资料，与同学们一起讨论辨析。

美德我践行

建议： 初中阶段践行前5个内容，高中阶段践行后5个内容。在践行中既要明晓谦的含义和意义，更要在实践中做到真正的谦虚平和，克服骄傲自大的坏习惯。

1. 自我统计一下，一周以内在校向老师和同学虚心请教的次数有多少，涉及哪些学科的问题，有无其他方面的咨询。

2. 父母是孩子的第一任老师，也是陪伴孩子成长最久的老师，生活中遇到困惑，应主动向父母请教，虚心听取他们的意见和教导。

3. 无论在公交车上还是在过道上，主动礼让老人和孩子。

4. 在班上找两个同学，尽可能多地列举他们的优点，看看哪一些优点值得自己学习。

5. 与同学发生误会时，先做自我批评，再主动与同学好好沟通一下。

6. 与父母长辈交流时保持谦和的态度,通过聆听、换位思考、舒缓对方情绪等方式化解彼此之间的隔阂或矛盾。

7. 正确认识真实全面的自己,勇于承认自己的不足。列举自己在哪些方面存在不足,并提出改进措施。

8. 同学与你发生争执时,你是否能做到先礼让三分?列举一两个案例,并采取有效的方式来解决矛盾。

9. 赢得了竞赛或比赛的冠军或一等奖,在领奖台上,主动向其他同时获得荣誉的同学表示祝贺。

10. 文明上网,拒绝使用网络暴力语言,不做网络喷子。

美德大家评

建议： 初中阶段选 1~10 条的内容，高中阶段选 11~20 条的内容进行评价。每学年选 4~5 条，也可自己拟订一些内容来践行并做评价。

| 班级 | | 姓名 | | 日期 | |

评价方式	评价内容			
	自我评	小组评	班级评	家长评
1. 不懂就问，多向老师和同学虚心请教				
2. 认真听取他人意见，虚心接受批评				
3. 尊重师长，见面主动打招呼问好				
4. 与人交谈时，会正确使用谦辞和敬辞				
5. 发现父母的很多优点				
6. 经常向父母请教问题				
7. 朋友之间不要相互吹嘘				
8. 受到表扬时，不要飘飘然				
9. 与同学发生矛盾时，冷静下来思考自己有无错误				
10. 把老师发给自己的小礼物分享给其他同学				
11. 骑行自行车时，要礼让行人				
12. 别人给你道歉时，自己也要以礼相让				
13. 同学向你寻求帮助时，尽自己所能提供帮助				
14. 受到表扬时，要感谢他人的帮助				
15. 每天多赞美一下班上的同学				

|续表|

评价方式	评价内容			
	自我评	小组评	班级评	家长评
16. 在楼梯间遇到老师，主动问好让行				
17. 不嘲笑其他民族或地域的特殊习俗				
18. 能包容其他同学的缺点				
19. 能原谅同学的一些错误				
20. 不苛求班上的任课教师				

注：1. 请在后面4个空栏里，每年自行拟订1条内容填上并实践。2. 评价等级为优、良、中三种。

本章"美德知识小检测"参考答案如下：

一、判断题　1.√　2.√　3.√　4.√　5.√　6.√　7.√　8.√　9.√　10.×

二、选择题　1.B　2.A　3.A　4.A　5.C　6.AD　7.ABCD

第九章 勤

"民生在勤,勤则不匮。"中华民族自古以来就是勤于劳动、敢于创造的民族。勤劳是我们最重要的人生财富之一,因为它不仅能创造各种物质与精神财富,还能磨炼我们的性情,促进我们的成长,进而开创我们未来的美好生活,实现中华民族的伟大复兴。作为中学生,践行"勤"德,当以勤治惰,以勤治庸,尽力做事,努力钻研,不畏艰难,不断提升学习成绩,积极参加各种劳动,用勤劳的双手创造美好的明天,为中华民族的伟大复兴而勤奋学习。

美德我知道

"勤"之解读

《说文解字》将"勤"解释为:"勤,劳也。从力,堇声。""堇"意为"短暂的"。"堇"与"力"联合起来表示"短期内用力"。后引申为做事尽力、忍耐吃苦、不懈努力、不偷懒、辛劳、劳苦等含义。中华民族自古以来就有"不劳动者不得食"的生活训言,常在书中记录勤、赞美勤、倡导勤,如《书·金縢》曰:"昔公勤劳王家,惟予冲人弗及知。"《礼记》曰:"勤者,有事则收之。"《尚书》提到"惟德之勤""克勤于邦""与民用勤"等。

"一生之计在于勤",作为中学生,"勤"主要体现在勤劳和刻苦上。这既指辛勤劳作,积极参加各种体力劳动,不怕流汗和劳累,自觉培养辛勤劳作的习惯,更是指学习上不惧天寒酷暑,不畏学习障碍,遇到困难迎难而上、坚持不懈、永不放弃等精神。

韩愈有言:"业精于勤,荒于嬉。"《尚书》载:"功崇惟志,业广惟勤。"只有勤,才能更好地服务大众,为未来奠定成功的基础。作为学生,勤业就是要搞好自己的学业。勤还体现在诚挚恳切、踏踏实实的工作或学习态度。劳动光荣,懒惰可耻,这是正确的劳动观。我们要充分认识到劳动的价值与意义,劳动时勤勤恳恳、兢兢业业。

"勤"之演变

勤之美德,源远流长,贯穿于中华民族几千年的生存发展史。

古时生存环境恶劣,劳动工具简陋。勤,更多地体现为以简单的体力为主的劳作,即通过与自然界的不懈抗争获取基本的生活物质保障。后来这勤劳义成为"勤"的基本含义。

随着生产力的提高,物质生活逐渐丰富,人们追求体力方面的勤有所下降,而追求脑力劳动方面的勤逐渐增多。勤于动脑的结果,就是精神财富日渐丰富。在从简单的体力劳动向复杂的体力劳动，以及从体力劳动向脑力劳动转变的过程中，勤学就显得尤其重要。在漫长的封建社会，中国形成了特有的耕读文化——把体力劳动与脑力劳动相结合，耕读传家。

随着科技日新月异的发展和生产力的进一步提高，很多体力劳动为机器所代替，即使体力劳动也越来越有技术含量。科学技术是第一生产力，人们已经深刻认识到，科技改变生活，科学技术正在深刻地影响世界发展格局。为此，我们要努力学习科学知识，不断掌握科学技术。

进入 21 世纪，我们提倡勤，还有着凝聚力量、鼓舞干劲、实现中华民族伟大复兴的深远意义。勤，让新中国从"站"起来到"富"起来"强"起来。习近平总书记指出："光荣属于劳动者，幸福属于劳动者。社会主义是干出来的，新时代是奋斗出来的。"凝聚在勤劳奋斗的旗帜下，中国梦就一定能实现。

"勤"之作用

古人云："农人在勤，则五谷丰登；肆工有勤，则物器多多；官人在勤，则政通人和；商贾有勤，则市肆繁荣；士人有勤，则立功立言。"可见，勤能创造丰富的物质财富和精神财富，创造美好的生活。在古代，特别强调勤，就在于勤能获取生存所需的物资，让人免于饥寒。《左传》载："民生在勤，勤则不匮，是勤可以免饥寒也。"在今天，我们依然要强调勤，是因为"幸福都是奋斗出来的"，要"撸起袖子加油干"，追求幸福美好的生活需要勤劳奋斗才能实现。

勤是实现国家富强的保证。改革开放四十多年来，勤劳的中国人民创造了令人赞叹的发展奇迹，经济总量跃居世界第二位，中国造的产品畅销全球，高铁、航天技术等领先世界，这些都是我们用辛勤的汗水换来的。一个国家的强大繁荣，需要一代代劳动者的艰辛付出。

勤能获得精神的满足与愉悦，是立身修德的基本要求。天道酬勤，一个勤勤恳恳的人会比懒惰的人有更多发展的机会。勤能磨炼意志，锤炼品质，养成热爱劳动、珍惜成果的美德。以勤修身，精神更富足，人生更有价值。

勤还是中学生成长成才的重要保障。爱迪生说过："天才就是百分之一的灵感加上百分之九十九的血汗。"勤奋，可以说是成为优秀人才的基本品质。"勤能补拙是良训，一分辛苦一分才"，天赋差一点的当如此，即便是天资聪慧之人，也应当勤，因为"业精于勤"，否则就会像方仲永一样"泯然众人矣"。

"勤"之要求

"凡人之情，莫不好逸而恶劳"，要纠正此恶习则须勤。要养成勤德则要充分认识到勤的重要性和意义，时时勤劳，不惮勤苦，态度勤恳，终身勤业。

勤劳

1. 每天整理好自己的房间，保持房间清洁，把衣物用品收放整齐。
2. 独自在家时，安排好自己的学习和生活，不让家人担心。
3. 学会做一两道家常小菜。
4. 有条件的情况下，到田间参加农业生产劳动。
5. 体贴父母、长辈，主动承担力所能及的家务劳动，关心照顾兄弟姐妹。
6. 在学校积极打扫卫生，不怕脏，不怕累。
7. 认真完成保洁任务，做到无果皮纸屑，无污渍。
8. 坚持垃圾分类，不乱扔垃圾。
9. 勤洗头、勤洗手，勤换衣服，做好个人卫生。
10. 整理好自己课桌上的书本，做到整齐干净。

勤苦

1. 利用好周末时间加强学习。
2. 冬练三九，早上不贪睡。
3. 夏练三伏，学习不惧热。
4. 劳动不怕苦，不怕累。
5. 劳动中受了点轻伤尽量坚持。
6. 学习上耐得住寂寞。
7. 学习上能勇于挑战。

8. 能担负起繁重的学习任务。

9. 学习遇到困难，坚持不放弃。

勤恳

1. 勤劳且要踏实，不耍花样。

2. 忠于自己的责任，尽力完成自己的任务，直至成功。

3. 劳动最光荣，能以苦为乐。

4. 养成热爱劳动、尊重劳动的良好习惯。

5. 工作上乐于奉献，兢兢业业，任劳任怨。

6. 能吃苦耐劳，始终保持勤恳的态度。

7. 积极参加学校或社区组织的义务劳动、志愿者活动等。

8. 认识自己在工作中的不足，努力寻找改进措施。

勤业

1. 向有经验的人学习。

2. 不断改进工作方法。

3. 不断提高工作效率。

4. 精益求精，永不满足。

5. 做好自己的职业规划（学业规划）。

6. 学业上不放弃，持之以恒。

7. 遇到困难，不断想办法解决。

8. 时时反思，弥补不足。

9. 干一行，爱一行。

10. 主动钻研，勤于学习，胜任自己的工作（学业）。

美德故事我来讲

本章的美德故事，《朱德的扁担》《铁人王进喜》侧重于勤劳，建议初一使用。《悬梁刺股》《钱三强苦攻英语》侧重于勤苦，建议初二使用。《李时珍勤勉编巨著》《"天眼之父"南仁东》侧重于勤恳，建议高一学生阅读。《张广厚"吃书"》《雕刻火药的"大国工匠"》侧重于勤行，建议高二学生使用。

朱德的扁担

"朱德挑粮上坳，粮食绝对可靠。大家齐心协力，粉碎敌人围剿。"这是一首反映朱德同志在井冈山革命根据地艰苦奋斗，与当地军民同甘共苦的歌谣。

那时候部队吃粮，需要往返五六十里的山路，于是红军发起了一个挑粮运动。当时，朱德已经40多岁了。战士们见他为革命日夜操劳，在百忙之中还和大家走山路过小河挑粮，生怕他累坏了身体，都劝说："朱军长，你那么忙，就不要挑了。"朱德感谢同志们的关心，仍然坚持要挑粮。

战士们见劝说不起作用，就商量把他的扁担藏起来，以为这样朱德没扁担就挑不成粮了。谁知他又用竹子削了一根扁担，第二天又照样和战士们一起挑粮，战士们又把它藏起来。没有想到，第三天朱德又照样出现在挑粮的队伍里，而且他在新削的扁担上，特地刻上了"朱德的扁担"几个字。朱德军长笑着对战士们说："你们以后谁再'偷'我的扁担，我可要批评了。"战士们听后都笑了。

铁人王进喜

1960年春，我国石油战线传来喜讯，一场规模空前的石油大会战随即在大庆开展。王进喜从西北的玉门油田带领1205钻井队赶来，参加了这场石油大会战。

一到大庆，展现在王进喜眼前的是许多难以设想的艰苦：没有公路，车辆不足，吃和住都成问题。但王进喜和他的队友们下定决心：有天大的难题也要高速度、高水平地拿下大庆油田。在困难面前，王进喜带领全队，靠人拉肩扛，把钻井设备运到工地，以"宁肯少活二十年，拼命也要拿下大油田"的坚强意志和勤劳精神，苦干五天五夜，终于打出了大庆第一口喷油井。

在那些日子里，王进喜身患重病也顾不得到医院去看。钻井砸伤了脚，他拄着双拐指挥；油井产生井喷，他舍生忘死跳进泥浆池，用身材搅拌重晶石粉，被人们誉为"铁人"。铁人王进喜为新中国石油事业立下了汗马功劳，曾获"全国劳动模范"等光荣称号。

悬梁刺股

汉朝时著名的大学问家孙敬年轻时勤奋好学，经常关起门，独自一人不停地读书。每天从早到晚读书，常常是废寝忘食。长时间的读书，让他疲倦得直打瞌睡。他怕影响自己的学习效果，就想出了一个特别的办法，找来一根绳子，一头牢牢地绑在房梁上，另一头拴在自己的发髻上。当他读书疲劳打盹儿时，头一低，绳子就会牵住头发，马上就清醒了，再继续读书学习。

战国时的苏秦是出名的政治家。在年轻时，由于没有多少学问，他曾到过好多地方做事，都不受重视。回家后，家人对他也很冷淡，瞧不起他。这对他的刺激很大。于是他下定决心，发奋读书。他常常读书到深夜，疲倦得常打盹儿。于是他想出了一个方法，准备一把锥子，一打瞌睡，就用锥子往自己的大腿上刺一下。虽然很疼痛，但自己也清醒起来，再坚持读书。

悬梁刺股与囊萤照读、凿壁偷光、映雪读书等历史故事一样，都表现了古人刻苦勤奋学习的可贵精神，值得我们青少年学习。

钱三强苦攻英语

钱三强是中国著名的核物理专家。他上中学后，受爱国思想的影响，立志读书报国。他考上南洋大学（现上海交通大学）后的第一节课，课桌上放的全是英语课本，教师讲课一律用英文，同学们回答问题用的也是英语，而他在中学学的却是法语。一堂课下来，老师究竟讲了些什么，他糊里糊涂，弄不清楚。

是继续学下去，还是半途而废？钱三强暗暗下定决心：在半年之内，一定争取英语及格。钱三强说到做到。他抽出更多的时间攻读英语，终日抱着英汉词典，反复翻阅着；他的笔记本上，抄满了密密麻麻的英文；就连走路，他也用来背诵英语单词。在那段日子里，他起早贪黑，几乎是废寝忘食，想的、说的、写的都是英文。

暑去寒来，半年过去了。学校又举行英语考试，钱三强的成绩不仅及格了，而且超出班里一些一直学英语的同学。钱三强通过苦读终于攻下了英语这一难关，并钻研了大量英语科研资料，还用英文撰写研究论文。

李时珍勤勉编巨著

1552年起，李时珍着手开始编写《本草纲目》，他不仅"读万卷书"，参考了800多部书籍，更是"行万里路"，深入实际进行调查。

李时珍走出家门，脚踏实地、勤勤恳恳深入山间田野，实地对照，辨认药物。足迹遍及大江南北，行程达两万余里。他阅读了大量的古代医学书籍，一边读，一边认真做笔记，他认为哪些对，哪些错，哪些需要验证，哪些应该补充的地方，都会一一记录下来，并且到处访问，收集民间治病的验方、土方，还亲自去荒僻的深山里采药。他不怕山高路远，不怕严寒酷暑，走遍了产药材的名山。就这样，历尽了千辛万苦，李时珍积累了大量的医药资料。

李时珍从30多岁动笔编写《本草纲目》，以后又多次修改，直到61岁，这部190多万字的巨著才全部写完，成为我国珍贵的医药文化遗产，是世界医学的一部重要文献，是李时珍几十年勤恳钻研和反复实践的结晶。

"天眼之父"南仁东

从20世纪90年代初开始，天眼计划就成为国家重点科研攻关项目。从那个时候起，南仁东就一心扑在了这个项目的研究中，是他提出了"中国天眼"500米口径球面射电望远镜工程（FAST）理念，并启动了最初艰难的选址工作，最终选址在贵州省的群山之中。

2011年3月，筹备多年的FAST项目正式开工建设。然而，工程的建设艰难程度远超想象。它不仅涉及天文学、结构工程、岩土工程等几十个不同的专业领域，而且关键技术无先例可循，关键材料急需攻关创新，现场施工环境也异常恶劣、复杂。作为首席科学家兼总工程师的南仁东，却硬是凭借自己的执着和勤奋，带领一群有着同样科学梦想的人，解决了一个个棘手难题。南仁东无疑是整个工程团队中最勤奋好学的人，基本没什么节假日。

2016年9月25日，历经了22年的风雨，巨型"天眼"终于向世界睁开，并开始接收来自宇宙深处的电磁波，让中国的射电天文学一举领先世界。

张广厚"吃书"

当代数学家张广厚是唐山开滦煤矿一矿工的儿子。由于贫困所累，1949年前他没有条件好好读书。可是，他通过勤奋学习，后来不仅考上了中学，而且成了唐山中学的数学尖子生，不久还考上了北京大学数学系。

工作后，他在一份外国数学学报上，看到有一篇关于亏值的论文，感到对自己的研究工作有好处，于是用心地一遍又一遍地钻研。这篇论文一共二十多页，他竟反反复复地揣摩了半年多。因为经常用手摸这几页，白色书边上变成了一条明显的黑线。他爱人看了笑着说："这哪叫念书，简直像吃书一样。"

1978年春节，张广厚在家过了一个难忘的年。大年三十早上，他便把孩子们打发到大爷家去过年，自己拉上爱人帮他查对资料、校对文稿。从早上六点一直忙到半夜三点，终于把五万字的论文全部完成了。虽然两口子的年夜饭就是吃点残汤剩饭，但是这个精神食粮，却比任何的山珍海味更美啊！

雕刻火药的"大国工匠"

2015年度"感动中国"颁奖盛典上，来自中国航天科技集团公司第四研究院7416厂的技能工人、航天特级技师徐立平站在了领奖台上。他感动中国的背后，是在危险岗位多年的坚守和付出，也是对专业技术精益求精的苦练和勤奋。

徐立平和他的同事们所做的事，就是用特制刀具对固体火箭发动机的燃料药面进行精细修整。这迄今仍然是一项世界性的难题，再精密的机器依然无法完全替代人工。

1987年，不到19岁的徐立平技校毕业后来到第四研究院7416厂。他当时就暗下决心，一定要练好发动机点火技术。功夫不负有心人，徐立平多年来勤学苦练，一刀一刀地操作，多年下来他练坏了30多把刀具。他的手越来越有感觉，整形的精度不超过0.2毫米，只是一张纸的厚度，经过他整形的产品保持了100%的合格率。

"再艰难的道路总要有人走，再危险的岗位总得有人去干！"徐立平说。30多年来，他以其勤奋磨炼而成的精湛技艺和无畏牺牲的奉献精神，将一件件大国利器送入云霄，从航天"蓝领"一步步成长为大国工匠，被赞誉为"雕刻火药的大国工匠"。

美德格言警句

- ◆ 若要生活好，勤劳、节俭、储蓄三件宝。　　——谚语
- ◇ 百尺竿头立不难，一勤天下无难事。　　——钱德苍
- ◆ 勤字功夫，第一贵早起，第二贵有恒。　　——曾国藩
- ◇ 劳动使人长寿，懒惰催人老，勤劳能延年。　　——谚语
- ◆ 成功是辛勤劳动的报酬。　　——谚语
- ◇ 勤劳是穷人的财富，节俭是富人的智慧。　　——佚名
- ◆ 人之为学，不日进则日退。　　——顾炎武
- ◇ 救烦无若静，补拙莫如勤。　　——白居易
- ◆ 富贵本无根，尽从勤里得。　　——冯梦龙
- ◇ 读书破万卷，下笔如有神。　　——杜甫
- ◆ 黑发不知勤学早，白首方悔读书迟。　　——颜真卿
- ◇ 书山有路勤为径，学海无涯苦作舟。　　——韩愈
- ◆ 勤奋是聪明的土壤，勤学是聪明的钥匙。　　——俗语
- ◇ 发奋识遍天下字，立志读尽人间书。　　——苏轼
- ◆ 历览前贤国与家，成由勤俭败由奢。　　——李商隐
- ◇ 业精于勤，荒于嬉；行成于思，毁于随。　　——韩愈
- ◆ 旧书不厌百回读，熟读深思子自知。　　——苏轼
- ◇ 功崇惟志，业广惟勤。　　——《尚书》
- ◆ 克勤于邦，克俭于家。　　——《尚书》
- ◇ 勤则兴，懒则败。　　——曾国藩

美德知识小检测

建议： 初中阶段完成判断题，高中阶段完成选择题。

（一）判断题（正确的打"√"，错误的打"×"）

（　　）1. 我是学生，搞好自己的学习就行了，家务事是父母的事。

（　　）2. 劳动创造了世界，劳动创造了财富，所以尊重劳动就是尊重人本身。

（　　）3. 勤劳是一个永远不会过时的词语，在物质条件极为丰富的今天，我们也要恪守勤劳这一传统美德。

（　　）4. "民生在勤，勤则不匮。""是勤可以免饥寒也。"这说明只有勤劳才能保障我们的生活必需。

（　　）5. 劳动分为脑力劳动和体力劳动，打扫街道、跑快递等是体力劳动，所以是低级劳动。

（　　）6. 中华民族向来重视对勤劳美德的培养，并将之看成是修身、齐家和治国的重要途径。

（　　）7. 在多元化发展的今天，谁抓住了机遇谁就可能成功，所以事业的成功与勤劳没有任何关系。

（　　）8. 苏轼说："旧书不厌百回读，熟读深思子自知。"说的就是学习要勤读勤思，才能有所收获。

（　　）9. 劳动虽然分工有不同，却没有高低贵贱之分。只要他们的辛勤劳动对社会有益，就都是光荣的。

（　　）10. 劳动包括体力劳动和脑力劳动，我每天都在读书，也是一种劳动，所以我就不参加体力劳动了。

（二）选择题（1~4题是单选题，5~7题是多选题）

1. "天才是百分之一的灵感加上百分之九十九的汗水。"这句话告诉我们什么道理？（　　）

　　A. 天生的禀赋是天才的核心

　　B. 天生的禀赋是成功的关键

C. 勤奋的汗水是取得成功的主要因素

D. 实践是人的知识和才能的唯一源泉

2. 绍兴兰亭、江西临川新城山等处的墨池，与中国古代哪一位著名书法家有关？（　　）

  A. 王羲之 B. 欧阳询 C. 颜真卿 D. 苏轼

3. 凿壁偷光是我国古代著名的刻苦勤学的故事，故事的主人公是（　　）。

  A. 苏秦 B. 孙康 C. 匡衡 D. 孙敬

4. 勤的作用有很多，下列说法不正确的一项是（　　）。

  A. 创造各种财富

  B. 获得精神的满足与愉悦

  C. 有效处理人与人之间的关系

  D. 磨练性情、塑造人性、促进自我成长

5. 劳模精神生动诠释了社会主义核心价值观，该精神具体包含（　　）。

  A. 爱岗敬业、争创一流 B. 艰苦奋斗、勇于创新

  C. 淡泊名利、甘于奉献 D. 平等公正、追求实效

6. 下列关于劳动的说法，正确的是（　　）。

  A. 快递小哥、环卫工人、出租车司机都是光荣的劳动者

  B. 时代在进步，目前大多数繁重和琐碎的体力工作会被机器和人工智能所取代，所以不必干繁重的体力活

  C. 信息技术革命和社会大变革已经开始，我们面临着无限的发展机遇，劳模精神也要与时俱进

  D. 我国宪法规定，劳动既是每个公民的权利，又是每个公民的义务

7. 大国工程需要大国工匠，若要成为一名大国工匠，需要以下哪些态度和精神？（　　）

  A. 勤学苦练的干劲 B. 攻坚克难的钻劲

  C. 勇往直前的闯劲 D. 精益求精的追求

美德越辨越明

建议：初一选择第1、2个问题，初二选择第3、4个问题，高一选择第5个问题，高二学生选择第6个问题。

1. 某校初一年级的小游，是老师和父母心中的"乖娃娃"，平时很乐观，与同学关系也十分融洽。但是由于他不愿勤奋学习，老师讲课也不认真听讲，他的考试成绩与班上优秀同学的差距越来越大了。同学们想帮助他，他却说："学习好与不好，都一样过日子，自己开心一些，何必为了成绩而这么累呢？"

你该如何说服小游刻苦学习呢？请思考一下，并在小组内交流。

2. 有人说，幸福关键是靠机遇；有人说，幸福主要靠家境；也有人说，幸福主要靠勤劳与奋斗。

你赞同哪一种观点？请说出理由，并与同学一起讨论。

3. 魏永康是一个不折不扣的神童，他2岁掌握1000多个汉字，4岁基本完成初中课程，8岁进入县重点中学，13岁考入湘潭大学数学系，17岁就在中科院硕博连读。然而，在20岁时，他被学校开除，原因是生活无法自理，除了读书以外，其他诸如洗衣洗碗，甚至是洗脸和增减衣物等都不会，从小没有进行过任何劳动，一切都由母亲一手包办。退学之后，母亲决定让儿子"重新长大"，开始学习各种劳动技能，魏永康的生活终于回归到正轨。

> 有人说，只要读书好，将来找个好工作，用不着参加体力劳动，家务活可以请保姆。你是否同意这种观点？请结合魏永康的事例，谈谈你的理由。

4. 从三轮车夫到复旦博士，这是常人不敢想象的人生逆袭。在被破格录取为复旦大学出土文献与古文字研究中心博士研究生前，蔡伟的正式身份还是辽宁省锦州市的一名蹬三轮车的下岗工人。

蔡伟从小喜欢钻研文字，读小学时遇到不认识的字就抱着厚厚的字典啃。中学时代，他常常在课余时间到图书馆借阅了大量语言文字类的书。由于偏科，蔡伟高考落榜，进入一家胶管厂当工人。后来他下岗了，先后打过零工，摆过地摊，蹬过三轮车。

日子再艰难，蔡伟自学一直没中断，二十多年一直坚持买书看书做笔记，经常上图书馆借阅资料。在蹬三轮车摆摊间隙，蔡伟忙里偷闲读书，经常用废弃纸记笔记，写感悟。多年以后，蔡伟的许多论文著作素材就来自于这些笔记注释。

几经周折，2009年，当时已38岁且仅有高中文凭的蔡伟被录取为复旦大学的博士生。一番辛苦不寻常，苍天不负苦心人。博士毕业后，蔡伟作为特殊人才被贵州安顺学院招聘为一名古文字学教师。

> 蔡伟是如何克服学习中的各种困难的？从他成才的故事中，我们还得到哪些启示？请与同学们一起讨论。

5. 人人都渴望取得成功。有同学说，在信息技术等高科技迅猛发展的今天，只要我学会并掌握了一些电子产品的使用方法，就不会被时代淘汰，最典型的例子就是遇到数学等学科的难题，我就上"作业帮"等网站上去搜一搜，哪里需要自己去苦苦钻研呢？

你是否赞同这种观点？与同学辩一辩。

6. 在大力推进新农村建设过程中，新时代对新一代农民提出了更高的要求：有知识、有追求，懂现代信息技术，拥有现代市场营销能力。4年前，家住河南信阳一偏僻农村的陈星，考上了郑州大学商学院；4年后，陈星不顾家人和同学的劝告，大学毕业后坚持选择到家乡种茶创业，因为他坚信，靠自己的勤劳和大学所学的知识，一定会在农村闯出一片新天地。

如果你是陈星，你会做出怎样的选择？请收集有关资料与同学辨析一下。

美德我践行

建议： 初中阶段践行前5个内容，高中阶段践行后5个内容。同学们既要明白勤的准确含义及其价值，更要在日常的学习和生活中做到勤，包括做好一些分内的事。当然，同学们也可以根据实际情况，在老师或家长的指导下，自行拟订活动内容并认真践行。

1. 做家务劳动是一个人生存的基本能力，在家里学会整理自己的房间，把衣物用品收放整齐，重在落实。住读生做好寝室的内勤事务。

2. 学习是学生的天职，学习任务完成情况往往与学习成绩相关联。你在一个星期内、一个月内，甚至一学期内，是否每天坚持按时完成各科作业，不偷工减料，不拖拉。请整理一下这方面的数据。

3. 要有主人翁责任感，认真打扫教室和公共区域的卫生，积极参加学校和班级组织的劳动。

4. 学会煮饭和简单的炒菜，让父母尝一尝。有条件的同学可以每周一次。

5. 是否坚持阅读有价值的课外读物？请列举自己一个月的阅读清单。

6. 经常充分利用自习课和其他课外时间，认真整理自己的学习笔记。

7. 在学习和劳动中不拖沓，学会统筹安排，分清主次和轻重缓急，力求事半功倍。

8. 积极参加学校组织的课外拓展学习活动，努力提升自主学习能力。

9. 坚信办法总比困难多。每天都花几分钟去梳理一下自己面临的困难，以及自己有哪些克服困难的办法，并做好记录。

10. 观察身边勤奋的劳动者，认真调查这些平凡劳动者身上有哪些不平凡之处。

美德大家评

建议：初中阶段选 1~10 条的内容，高中阶段选 11~20 条的内容进行评价。每学年选 4~5 条，也可自行拟订其他内容来践行并做评价。

|班级|　　　　|姓名|　　　　|日期|

评价方式	评价内容			
	自我评	小组评	班级评	家长评
1. 早起床，不睡懒觉				
2. 每天独立完成作业，不敷衍				
3. 做好每次值日的各项事务				
4. 坚持练字，力求书写工整美观				
5. 常到图书馆或阅览室去查阅学习资料				
6. 上课专心听讲，勤做笔记				
7. 勤于探究，遇到学习上的困难不要轻易放弃				
8. 主动完成家里的一些清洁事务				
9. 经常保持课桌干净、整洁				
10. 早读精力旺盛、声音洪亮，专注度高				
11. 勤于反思自己学习上的不足				
12. 遇到数学等难题时，肯动脑筋				
13. 搞好个人卫生，勤洗头勤洗澡				
14. 自己的衣服和袜子等要及时清洗				
15. 认真做好自己的学业规划				
16. 学习上不投机取巧				

续表

评价方式	评价内容			
	自我评	小组评	班级评	家长评
17. 有机会去田间参加农业生产				
18. 利用寒暑假勤工俭学				
19. 进行一些思维训练，提高自己的学习技能				
20. 搜集亲人艰苦创业、创建美好家园的故事				

注：1.请在后面4个空栏里，每年自行拟订1条内容填上并实践。2.评价等级为优、良、中三种。

本章"美德知识小检测"参考答案如下：

一、判断题　1.×　2.√　3.√　4.√　5.×　6.√　7.×　8.√　9.√　10.×

二、选择题　1.C　2.A　3.C　4.C　5.ABC　6.ACD　7.ABCD

第十章 俭

"成由勤俭败由奢",中华民族一直崇尚节俭的美德。俭德是我们干事创业、兴国兴邦的重要基石,即使当前我们的物质财富已极为丰富,但艰苦奋斗、勤俭节约的传家宝是不能丢弃的。厉行节约、反对铺张浪费,建立节约型社会,是我们每一个公民的职责。对中学生而言,践行俭德就要在生活中衣着俭朴,节约资源,办事从简,理性消费;在校内、家里都要践行光盘行动,做好垃圾分类等。

美德我知道

"俭"之解读

《说文解字》："俭，约也。"俭，就是俭朴、节约、俭约、节制、节省、不浪费等，常与勤相互为用，相辅相成，融为一体。《尚书》记载，"克勤于邦，克俭于家""慎乃俭德，惟怀永图"。《朱柏庐治家格言》中说："勤与俭，治生之道也。不勤，则寡入。不俭，则妄费。"这些论述都是倡导节俭节约，只有这样才能永久持家守业，因而成为普通百姓乃至历代帝王权贵恪守成规的箴言。相反，如果丢弃了节俭美德，追求奢侈浪费的生活，轻则败家，重则亡国，这样的人和事在历史上数不胜数，教训十分深刻。

俭的本质在于对劳动者的尊重，对资源和劳动成果的珍惜，对物用的精打细算。诸葛亮《诫子书》："夫君子之行，静以修身，俭以养德，非淡泊无以明志，非宁静无以致远。"俭朴的生活可以淳养品德，可以磨炼一个人的意志。而在物质生活越来越富有的当下，更应该倡导以俭养德，克勤克俭。落实到具体生活中，做到节约使用钱财物品，不浪费劳动成果和自然资源，还要追求俭朴的人生，学会精打细算、学会理财，培养俭约的消费观，克制过度消费和不良消费，践行理性消费，不断丰富和充实精神生活，把更多的心思和精力用于学习和工作之中。

当然，过分节俭有可能导致吝啬。"吝而不俭，俭而不吝"，节俭与吝啬是有本质区别的。颜之推曾指出，节俭是指节约适度又要符合礼节，而吝啬却是对自己、对他人的苛刻。因此，作为美德之一的节俭，与理性消费并不矛盾，我们要在合理消费中体现节俭精神。

"俭"之演变

中华民族崇尚俭约、反对奢侈的优良传统源渊久远。先秦诸子共有的伦理主张就是崇尚俭德，老子、孔子、墨子极力主张俭约而反对奢靡浪费，指出"俭节则昌，淫佚则亡",把俭约和淫逸提升到关乎国家存亡的高度。先贤们把俭约看作一个人修身处世的基本原则,更是治国安邦、民族强盛的重要条件,成为千百年来人们恪守的共同理念。

从人类社会发展历程来看,在物质匮乏、条件艰苦的时代,节俭主要是尽可能减少物品的浪费,并延续生产生活的活动周期,保障更多人能获得最基本的生活物资。随着社会物质财富的不断丰富和人民生活水平的不断提高,虽然一些权贵过着奢靡铺张的生活,但节俭之风在广大人民群众中仍然代代相传。

当今,俭不仅体现在个人的日常生活之中,还与我们发展绿色经济、倡导低碳生活、构建节约型社会和建设生态文明息息相关。我们必须继承节俭这一传统美德,同时还要与时俱进,树立新的发展理念,强调勤俭节约与谋求社会经济发展的有机统一,不能仅仅是生活消费方面的节俭,更为重要的是资源环境开发方面的约束,牢牢树立"绿水青山就是金山银山"的发展理念。我们在倡导节俭意识的同时,还要培养适度消费的观念,把开源节流和量入为出作为我们生活俭约的行为准则。

目前,全国上下厉行节约、反对浪费蔚然成风,必须在全社会树立浪费可耻、俭朴为荣的价值导向,形成绿色低碳、文明健康的生活方式和消费模式。

"俭"之作用

培养并践行俭朴的生活作风,对个人、家庭、国家都是无不裨益的,其价值和作用主要体现在以下三个方面。

俭以养德。《周易》:"君子以俭德辟难。"《左传》:"俭,德之共也;侈,恶之大也。"三国时诸葛亮更是强调"静以修身,俭以养德",这充分表明,节俭的习惯和俭朴的生活能培养人的情操,涵养人的心性,培养人们的清廉正气,让自己的德行更趋高尚,而奢则容易导致贪婪,只求物质与感官刺激。

以俭持家。对家庭而言,节俭兴家,奢侈败家。《韩非子》:"侈而惰者贫,力而俭者富。"这是传统持家之道的第一条,家庭要兴旺,节俭尤为重要。与之相反,如果一味地挥霍奢靡,再殷实富足的家庭也不会持久兴旺。桓范《政要论》指出:"历观有家有国,其得之也,莫不阶于俭约;其失之也,莫不由于奢侈。"

以俭治国。对于国家而言,节俭是安邦治国不可缺少的良策,因为节俭可以养廉,还是富国的重要基础。荀子说："上功用，大俭约，而僈差等。"墨子主张"节葬""节用"，倡导节俭、反对浪费，整个社会风气不断向好，国家的富强发达才会有保障。

"俭"之要求

对于俭，我们要内化于心，外践于行。而践行勤俭节约，必须从我做起，从现在做起，在思想上要崇尚俭朴，以勤俭节约为荣，以铺张浪费为耻。我们还要在学习和工作中发扬艰苦创业的优良作风，把勤俭节约当成战胜困难的传家宝，这是提升思想道德素质的重要途径。

节约

1. 节约用钱，不需要的东西不要买。
2. 节约用水，洗完手，关紧水龙头。
3. 节约用电，离开教室和寝室要关灯。
4. 节约粮食，反对"舌尖上的浪费"，积极践行"光盘行动"。
5. 节约衣物，衣着整洁就是美，不迷恋名牌，不乱买衣服。
6. 节约时间，给自己做个时间表，有计划地学习、生活。
7. 节约资源，保护环境，尽量少使用一次性物品。
8. 和父母一起预算自己每个月的开支，做到每一笔支出都有记录。

俭朴

1. 坚持穿俭朴美观的校服。不烫发，不染发，不化妆，不佩戴首饰。
2. 不在黑板、墙壁、课桌、布告栏等处乱涂乱画。
3. 到路途不远的地方尽量步行。
4. 适度地消费，精打细算，学会理财。
5. 把家洗脸的水用来浇花，学会循环使用自然资源。
6. 夏天高温时把空调设置为合适的温度。
7. 把压岁钱等零花钱存起来。

8. 树立垃圾分类意识，积极参与学校和家庭、社区的垃圾分类行动。

9. 对身边铺张浪费的现象敢于提出自己的批评意见。

俭克

1. 看见同学穿时髦的衣服，克制自己的消费欲望。

2. 花钱时告诫自己要合理消费。

3. 根据自己的家庭收入状况，制订每个月合理的生活开销计划。

4. 充实自己的精神世界，不被花花世界所诱惑。

5. 不要被他人的盲目消费所影响，坚持自己合理的消费原则。

6. 不要随意去买零食。

7. 合理管理自己的生活费用，力争做到每个月末都有节余。

8. 家里的物品不要随意扔弃，可以变废为宝，或者卖给再生资源回收站。

美德故事我来讲

本章的美德故事，《雷锋的"节约箱"》《校园崇尚节约之风》侧重于节约，建议初一使用。《季文子俭朴轶事》《曾氏十六字箴言》侧重于俭朴，建议初二使用。《晏子拒奢》《任弼时拒绝换房》侧重于俭克，建议高一使用。《刘少奇俭以养德》《节俭与大方的楷模》侧重于俭德，建议高二使用。

雷锋的"节约箱"

雷锋叔叔非常节省，一双破旧袜子洗洗补补也要穿很久，舍不得买一双新的。他说："咱们军人不是把袜子穿给别人看的。"他每个月把奖金存在银行，把省下来的钱全都捐给灾区人民。

雷锋在湖南望城县委当公务员时，有一次他看见路上有颗螺丝钉，踢了一脚就走开了。县委书记却把这颗螺丝钉捡起来，装进了衣袋。过了几天，雷锋要到一个工厂去送信，县委书记掏出螺丝钉交他带去，说："小雷，把这颗螺丝钉带去吧，咱们国家底子薄，要搞建设，就得艰苦奋斗。"雷锋听了，顿时明白了。雷锋后来参军当了汽车兵，找了几块旧木板钉了一个"节约箱"，把平时捡到的碎铜烂铁、边角料、螺丝钉等装在里面。许多次，雷锋修车时都能从"节约箱"里找到要用的材料。

校园崇尚节约之风

白梅、黄倩倩是重庆市璧山区某幼儿园普普通通的教师。她们在日常工作中,一直以节俭思想管理班集体。在孩子幼小的心灵播下节约美德的种子。

她们以"光盘行动"为内容展开活动,通过故事的形式,让孩子们感受农民伯伯的辛苦,潜移默化地给幼儿灌输爱惜粮食的思想,让幼儿养成节约的好习惯。还进行"珍惜水,节约水,保护水"的活动,教育幼儿洗手开"小水",用后及时关水龙头,不浪费每一滴水。在她们的班上还常常见到瓶瓶罐罐、纸箱等废旧物,在她们的巧手下,这些废旧物变成孩子们喜爱的玩具,也总见果壳、玉米秆、竹竿等自然物成为孩子们手工的操作材料。

这两位幼儿园老师独具匠心,具有为人师者的节俭品质,在儿童幼小的心灵中播下了俭德的种子。

季文子俭朴轶事

春秋时期鲁国的国相季文子一生俭朴,以节俭为立身之本,并且要求家人也要过俭朴的生活。他穿衣只求朴素整洁,除了朝服以外没有几件像样的衣服。每次外出,所乘坐的车马也极其简单。有个叫仲孙它的人就劝季文子说:"你身为上卿,德高望重,如此节俭,岂不有失体面?"

季文子听后淡然一笑,对那人严肃地说:"我也希望把家里布置得豪华典雅,但是看看我们国家的百姓,还有许多人吃着粗糙得难以下咽的食物,穿着破旧不堪的衣服,还有人正在受冻挨饿,想到这些,我怎能忍心去为自己添置家产呢?况且,我听说一个国家的富强与光荣,只能通过臣民的高洁品行表现出来,并不是以他们拥有美艳的妻妾和良骥骏马来表现的。"

季文子这一番话,说得仲孙它满脸羞愧,同时也令他内心对季文子更加敬重。此后,仲孙它也效仿季文子,一切从简,过上了俭朴的生活。

曾氏十六字箴言

曾国藩的家训，分散写在他的大量家书中，在家族教化中作用不凡，其中著名的有十六字箴言："家俭则兴，人勤则健，能勤能俭，永不贫贱！"次子曾纪泽，袭父一等毅勇侯爵，官至户部左侍郎，历任英、法、俄等国公使，他仍厉行节约，摒弃贪劣，倡导廉洁之风，为众人所敬重。

季女曾纪芬可谓福寿全归，这完全得力于她父亲传给她的一套治家修身办法。曾纪芬一直记着父亲曾国藩对她讲的家训："吾辈欲为先人留遗泽，为后人惜余福，除'勤俭'二字，别无他法。"曾纪芬自奉俭约，即使后来年纪大了，每届大寿，子女想送些珍贵的礼物来，都会被她阻止。她对子女的教育从不放松，即使对已经成年的子女，仍随时耳提面命，管束查察从不疏忽。她说："教导儿女要不求小就而求大成，当从大处着想，不可娇爱过甚。"

曾纪芬一生把曾氏十六字箴言发挥得淋漓尽致，起居定时，三餐饮食，以素食为主，从不奢侈浪费，直到91岁去世。

晏子拒奢

晏婴，史称"晏子"，是我国古代著名的政治家、思想家、外交家，春秋时齐国的重臣。他严于律己、克勤克俭。

身为位高权重的大臣，晏婴居住的地方却很简陋，房屋低矮狭窄。后来，齐景公利用晏婴出使晋国的机会给他造了一处新居，待晏婴返回齐国时，新居已建成。晏婴拜谢了齐景公之后却把新居拆除了。上朝时，晏婴总是乘坐一辆破旧的车子，齐景公就派人送给他一辆漂亮的车子，晏婴不肯接受。他还向景公阐明了奢侈浪费的危害性，景公只好顺从晏婴的意愿。

晏子官居显赫却没有大手大脚，不搞铺张浪费，反而克制自己，其俭克美德，一直被后人传颂。

任弼时拒绝换房

任弼时是中华人民共和国开国元勋，中国共产党与中国工农红军主要领导者之一，他的生活十分朴素。

由于长期在艰苦的环境忘我工作，任弼时的健康状况每况愈下，重病缠身，但他仍坚持上班。他住的房子很简陋，且临着大街，每天车水马龙，很不宜于休养。组织替他选了一个比较适宜的房子，建议他搬进去。他说："那个房子驻着一个机关，而我是一个人，怎么能以一个人牵动一个机关呢？"

组织又建议帮他买个一套合适的房子。他说："买房子要花钱，又要费手续，麻烦得很，还是住这个房子吧。"一直到他逝世，房子始终没有调转。

公家发了东西，任弼时总要询问："是公家按制度发的，还是组织特别关照他的？"如果是组织特别照顾生病的他，他要耐心地批评。他曾说，国家现在还比较贫困，我们都要过俭朴的生活，凡事不能超过制度，我们一丝一毫不能搞特殊。

刘少奇俭以养德

有一年，身为中华人民共和国主席的刘少奇要出国去参加一次国际会议。工作人员考虑到会议举行地的天气寒冷，要给他添置一件新大衣，刘少奇坚决不要。无奈，工作人员只得从一件旧大衣上拆下皮领子，缝到另一件比较厚实的旧大衣上。刘少奇对这种"改"法很满意，觉得没有浪费。此后，这件大衣一直伴随着他。

还是这一年，刘少奇的夫人王光美病愈出院，工作人员用刘少奇配置的专车去接。刘少奇知道后，就参照出租车的价格，按路程付了车费。

刘少奇吃饭十分简朴，他一般是在夜间工作，"早餐"常常是稀饭、咸菜，偶尔才加一两个鸡蛋。"晚饭"一般在零点以后，为了不影响工作人员休息，通常是由王光美来做这顿饭。其实，这顿饭通常又是把家里人中午吃剩的饭菜烩一烩。大家开玩笑地说，王光美成了"烩饭厨师"了。

不添新衣，不坐公车，不讲吃喝，这些都是小事。虽说事小，却闪耀着一个无产阶级革命领袖夺目的道德光辉。

节俭与大方的楷模

孔繁森生活极其节俭，经常吃的是白饭就榨菜，工作一忙，开水泡馒头和方便面也是常有的事。他不仅自己如此节俭，而且教育孩子也要节俭。有一次他发现儿子把吃剩下的菜倒掉了，便对儿子进行了严厉的批评教育，他说，现在生活比以前有了很大的改善，但是还有很多人正在饿肚子，还有不少人买不到这些东西吃。他穿的内衣打着补丁，连块香皂都舍不得买。每次去拉萨回阿里，他总要买上一些价格低廉的生活日用品，因为有地区差价，这样可以省点钱。

孔繁森对自己就是这样节俭，而对他人、对藏族同胞，却是那么慷慨大方。在西藏工作的近十年时间，他几乎没有往家里寄过钱，省下的工资，大部分花在藏族群众身上。在乡下，只要遇上困难人家，他总是习惯地掏口袋，有多少钱就全数送给这家人，有时把自己的毛衣毛裤也送给了需要的人。他还收养了地震中失去双亲的两个孤儿。

为此，他曾多次流露出对家人的内疚之情。但为了帮助那些有困难的藏族同胞，他只好委屈自己的家人。

美德格言警句

◆ 强本而节用，则天不能贫。　　　　　　　　　　——荀子

◇ 由俭入奢易，由奢入俭难。　　　　　　　　　　——司马光

◆ 历览前贤国与家，成由勤俭破由奢。　　　　　　——李商隐

◇ 天下之事，常成于勤俭而败于奢侈。　　　　　　——陆游

◆ 俭节则昌，淫佚则亡。　　　　　　　　　　　　——墨子

◇ 俭则足用，俭则寡求，俭则可以成家，俭则可以立身。
　　　　　　　　　　　　　　　　　　　——《古今图书集成》

◆ 俭开福源，奢起贫兆。　　　　　　　　　　　——《魏书》

◇ 朕每一食，便念稼穑之艰难；每一衣，则思纺绩之辛苦。——《贞观政要》

◆ 克勤于邦，克俭于家。　　　　　　　　　　　——《尚书》

◇ 君子以俭德辟难，不可荣以禄。　　　　　　　——《周易》

◆ 夫救奢必于俭约，拯薄无若敦厚。　　　　　　——《后汉书》

◇ 俭约不贪，则可延寿；奢侈过求，受尽则终。——《饮食绅言》

◆ 仁义之道，守之而不失；俭约之志，终始不渝。　　——吴兢

◇ 奢者狼藉俭者安，一凶一吉在眼前。　　　　　　——白居易

◆ 俭则约，约则百善俱兴；侈则肆，肆则百恶俱纵。——《格言联璧》

◇ 惟俭可以助廉，惟恕可以成德。　　　　　　　——《宋史》

◆ 一粥一饭，当思来处不易；半丝半缕，恒念物力维艰。
　　　　　　　　　　　　　　　　　　　　——《治家格言》

◇ 旧历关中忆废兴，僭奢须戒俭须凭。　　　　　　——徐夤

◆ 取之有制，用之有节则裕；取之无制，用之不节则乏。——张居正

◇ 勤，锄头上的黄金；俭，米缸里的白银。　　　　——谚语

美德知识小检测

建议： 初中阶段适合完成判断题，高中阶段完成选择题。

（一）判断题（正确的打"√"，错误的打"×"）

（　　）1. "锄禾日当午，汗滴禾下土。谁知盘中餐，粒粒皆辛苦。"这是著名的唐诗《悯农》，告诫我们要生活俭朴，不要浪费粮食。

（　　）2. 战国时期的墨家坚决主张节俭，反对骄奢淫逸、靡费财务。

（　　）3.《晏子拒奢》的故事看似有悖常理，但说明了俭朴生活能够体现一个人的德行。

（　　）4. 节俭的人，注重修身养德，不为物欲所羁绊。

（　　）5. 在物质财富相对丰富的今天，戒奢从俭有些不合时宜。

（　　）6. 节约的内涵要与时俱进，而且要有一个度，过分节约就是抠门和吝啬。

（　　）7. 孔繁森的故事，说明节俭与大方并不矛盾，这更能凸显其崇高品质。

（　　）8. 孟子说："上下交征利，而国危矣。"由此可知，勤俭治国、厉行节约关乎国家存亡。

（　　）9. 到银行去办理房贷、车贷，这与我们倡导的俭朴生活方式不相吻合。

（　　）10. 我自己花自己的钱，父母也心甘情愿多给我，别人就不应当对我说三道四。

（二）选择题（1~2题是单选题，3~6题是多选题）

1. 下列关于勤劳节俭的说法，你认为正确的是（　　）。

　　A. 倡导节俭，就不应当鼓励消费

　　B. 市场经济需要勤劳，但不需要节俭

　　C. 节俭是促进经济发展的动力之一

　　D. 节俭有利于节省资源，但与提高生产力无关

2. 当你最后一个离开教室，发现讲台旁边的饮水机还没有断电，你该怎么做呢？（　　）

A. 我不是值日生，我不管这件事

B. 走过去关掉电源开关

C. 用班机打电话问班主任该怎么办

D. 没事儿的，饮水机不会坏的

3. 晓丽同学今年春节得到了长辈们共5000元的压岁钱，你认为晓丽的哪些做法是不正确的（　　）。

A. 我的压岁钱由我做主，准备买一个最新款的高档手机

B. 交给父母，作为家庭的总体开支使用

C. 用自己的户头存入银行，自己想用的时候就去取款

D. 不告诉父母压岁钱的具体金额

4. 班上的大鹏同学在班上从不买零食，很少参加需要花钱的集体活动，据了解，他的家庭很贫困，属于农村低保家庭。同学们私下议论纷纷，你认为你哪些说法妥当（　　）。

A. 低保户的孩子平时就不应当买零食吃

B. 他很节约，值得我们学习

C. 理解他的做法，关心他，让他多融入班集体

D. 大家买点零食送给他

5. 生活中哪些行为体现了节俭？请从下列选项中做出恰当的选择（　　）。

A. 水的多次循环利用，纸张双面使用

B. 人走关灯，洗完手拧紧水龙头

C. 到食堂就餐，盛取食物时少量多次

D. 班上组织为灾区捐款活动，我不想捐多了，给1元表示一下

6. 厉行节约有何意义？请从下列选项中做出恰当的选择（　　）。

A. 有利于实施可持续发展战略

B. 有利于我们巩固全面建成小康社会的成果

C. 有利于构建社会主义和谐社会

D. 有助于激发奋发进取的精神，培养高尚的道德品质

美德越辨越明

建议： 初一选择第1、2个问题，初二选择第3、4个问题，高一选择第5、6个问题，高二学生选择第7个问题。

1. 再过几天就是丽丽的生日了，班里其他同学过生日都会邀请许多同学去饭店或餐厅大吃一顿，她认为中学生不应该这样，又铺张又浪费，可如果自己不这样，又怕同学们说她小气。到底请不请同学到餐厅过生日呢？丽丽感到左右为难。

你如何看待中学生之间的生日宴请现象？请你在小组内讨论交流。

2. 小明和同学们一起参加暑假夏令营活动，吃住都由主办方负责。刚到营地，同学们就打开装满了零食的行李，只有5天的培训要带这么多吃的吗？小明很疑惑。第三天刚吃完中午饭，同学们都跑去基地的小店，挤破头皮争着买零食，原来从家里带来的零食早就消灭殆尽。

这次夏令营每个孩子从家里带来的零食价值平均100元，另外，家长还给他们每人200元左右的零花钱，用于意外或急需之时。难道5天的夏令营时间，孩子们一定就要消费完300多元吗？小明陷入了沉思。

同学们，你觉得小明他们该怎样使用父母给的钱？请分组讨论，并帮小明和同学们制订一个消费计划，让他们的夏令营活动有意义又不浪费。

3. 东晋有个大官叫吴隐之，一生节俭。他的女儿出嫁，人们想他一定会好好操办一下，谁知大喜这天，吴家仍然冷冷清清。谢石将军的管家前来贺喜，看到一个仆人牵着一条狗走出来。管家问道："你家小姐今天出嫁，怎么一点筹办的样子都没有？"仆人皱着眉说："别提了，我家主人太过分节俭了，小姐今天出嫁，主人昨天晚上才吩咐准备。我原以为这回主人该破费一下了，谁知主人竟叫我今天早晨到集市上去把这条狗卖掉，用卖狗的钱去置办东西。"

吴隐之的行为是一种节俭，还是一种吝啬？请围绕节俭与合理消费的关系在小组议一议。

4. 纣王是商朝的末代君主，他整日胡作非为，不尽心朝政，是中国有名的暴君，过着荒淫无耻的生活。他大兴土木，建造了许多华丽的宫室。为了供自己玩乐，纣王还建造了宏伟的鹿台。《新序》云："鹿台，其大三里，其高千尺。"修建宫室耗费了大量的人力物力财力，百姓不堪其苦。

纣王生活非常糜烂，他下令用酒装满池子，把各种动物的肉割成一大块一大块挂在树林里，这就是所谓的"酒池肉林"，以便一边游玩，一边随意吃喝。同时他与众多宫女互相追逐嬉戏，过着穷奢极欲的生活。不久，商朝就在他手里灭亡了。

从纣王灭国的故事中，我们得到哪些教训？请与同学一起讨论，并结合日常生活谈谈我们该怎样俭以养德？

5."浪费不以量小而为之，节约不以微小而不为。""光盘行动从我做起。"虽然学校一直在倡导学生要节约每一粒粮食，可如今，个别学生随意倾倒剩菜剩饭的现象经常发生，食堂边的几个大泔水桶总是装得满满的。

高一的小杨同学只喜欢吃荤菜，不喜欢吃素菜。每次食堂师傅给他的是荤素结合的套餐，他就把素菜和未吃完的米饭倒掉了，值周老师见到此种情形，批评了小杨，他却说："我打饭菜是刷了卡给了钱的，倒的部分是我节省下来的。"

问及其他同学随意倒掉饭菜的原因，一同学说："饭菜是食堂师傅给我打的，太多了，根本吃不完。"一同学说："食堂的饭菜不合胃口，吃了几口就不想吃了，干脆就倒了。"

同学们，你觉得这三类同学倒大量饭菜的理由可取吗？请你与大家议一议，并提出解决校园食堂浪费现象的有效措施。

6. 班上的小雯和小瑜是同住一个寝室的女生。小雯的家境比较殷实，她妈妈在本地开了一家规模不小的公司，平时给住校的小雯每个月1800元的生活费和零花钱，但小雯成了班上出了名的"月光族"，月底的最后几天，她常常要靠借钱过日子，因为她平时花钱大手大脚惯了，化妆品、零食等堆满了她的床头。

而小瑜来自农村，父母都是种地的农民，收入来源有限。小瑜每个月的生活费和零用钱只有700元。令人奇怪的是，每次月末时，小瑜校园卡上的费用还有剩余。同学们发现，她几乎没有买过零食来吃，一日三餐都在学校食堂就餐，身体也很健康。

作为一名中学生，你是欣赏小雯还是小瑜的消费观？请说出充分的理由，与同学一起辨析。

7. 从前有个大富之家的子弟特别爱吃饺子，每天都要吃。但他又特别刁，只吃馅，饺子的皮都让他丢到后面的檐沟里去了。好景不长，在他十六岁那年，一把大火烧了他的全家，父母急怒中相继病逝。这下他身无分文，又不好意思要饭。邻居大嫂非常好，每餐给他吃一碗面糊糊。他则发奋读书，三年后考取官位回来，一定要感谢邻居大嫂。大嫂对他讲："不要感谢我。我没有给你什么，当年都是我收集的你丢的饺子皮，晒干后装了好几麻袋，本来是想备不时之需的。正好你有需要，就又还给你了。"

读了这个有趣的故事，你对平时浪费粮食的现象该说些什么呢？请在小组讨论交流。

美德我践行

建议： 初中阶段践行前4个活动，高中阶段践行后4个活动。用心做好身边的点滴事，重点是在行动中领悟节俭的价值。

1. 每顿饭都光盘行动了吗？在校吃饭时，仔细观察同学们光盘行动所占的比例，并对剩饭剩菜较多的同学进行有效规劝。

2. 班上同学在使用水电时，有没有不节约的地方？如果有，请分析其原因并在日常中改进。

3. 在本班或本小组中进行"勤俭之星"评比，记录自己一个月生活费零花钱用了多少，并探讨是否有节余的空间？

4. 与家人一起在火锅店吃自助餐时，做到少量多次，量力而行，不浪费。

5. 每天坚持做好垃圾分类工作，给不认真完成的同学做好示范引领和说服工作，试着拟出三条理由并践行。

6. 春节就要到了，家家户户准备团年。开开的妈妈说："春节一大家人好不容易聚在一起，平时大家都忙，我一定要好好准备，多做一点菜，让大家吃得开心，吃得舒服。"爸爸却说："一家人在一起就很幸福了，够吃就好了，不要做太多菜。"妈妈又说："这样会显得太小气了。"爸爸妈妈为此事争辩起来。

如果你是开开，你会站在哪一边？请与同学们议一议，辩一辩。

7. 在老师的指导下，请你和班上的几个同学一起，先拍摄校园内的各种浪费现象，并分类整理好材料，然后在班会课上展示给全班同学看。讨论后大家共同拟订一份班级节俭公约，要求所有同学严格遵守，并落实奖惩制度。

8. 由班级团支书组织同学参加一次环保志愿者活动，在周日上午大家一起到附近行人较多的山上去，每人准备几个垃圾袋，从山脚到山顶，沿着山路捡拾行人随意丢弃的各种垃圾，用实际行动向路人宣传资源节约型和环境友好型社会的发展理念。

美德大家评

建议： 初中阶段选 1~10 条的内容，高中阶段选 11~20 条的内容进行评价。每学年选 4~5 条，也可自行拟订其他内容来践行并评价。

| 班级 | | 姓名 | | 日期 | |

评价方式	评价内容			
	自我评	小组评	班级评	家长评
1. 积极参加学校和社区的垃圾分类活动				
2. 节约用水，洗完手立即拧紧水龙头				
3. 节约用电，人走关灯				
4. 夏季高温时，空调设置合理的温度				
5. 节约用笔，笔芯用完再丢弃				
6. 节约用笔记本，坚持用完每一页				
7. 坚持每顿饭都"光盘行动"				
8. 穿着以俭朴整洁为美，不穿奇装异服				
9. 吃自助餐时不浪费				
10. 不涂脂抹粉，不涂口红、不佩戴首饰				
11. 与父母预算合理的学习开支				
12. 不迷恋名牌				
13. 控制使用自己的零花钱				
14. 不随意买零食				
15. 学会积攒自己的余钱				
16. 珍惜时间，不浪费自己和他人的时间				

|续表|

评价方式	评价内容			
	自我评	小组评	班级评	家长评
17. 调查并反映本地自然资源浪费的情况				
18. 对身边的铺张浪费现象提出批评意见				
19. 多低碳出行				
20. 学会循环使用各种物品				

注：1. 请在后面4个空栏里，每年自行拟订1条内容填上并实践。2. 评价等级为优、良、中三种。

本章"美德知识小检测"参考答案如下：

一、判断题　1.√　2.√　3.√　4.√　5.×　6.√　7.√　8.√　9.×　10.×

二、选择题　1.C　2.B　3.ACD　4.BC　5.ABC　6.ABCD

后记

张福洪

　　著名教育家肖川在《教育的理想与信念》一书指出，就教育与个人的关系而言，有着文化价值指向的、持续不断的、对个体生命构成意义的教育才能促进人的思想变化，从而形成正确而恒久的人生观和价值观。

　　近年来，璧山中学坚持德育首位，秉承"璞石化璧，厚学如山"的办学理念，大力实施以道德品质教育为切入点的新一轮德育改革，进而形成了学校独具特色的"十美德"教育，在重庆市内外产生了较大的示范辐射作用。《中学生"十美德"教育》就是其中的一项核心成果。

　　编著《中学生"十美德"教育》一书可谓历经艰难，淬火成钢。在长达八年的时间里，先后有数十位参与者怀着对德育工作的炽热情怀，查阅了成百上千份参考文献，召开了无数次编写专题活动推进会，编撰了数十万字的各类文稿，坚持"双创"理念，不断探索创新，精心设计书稿的体例结构，从7个维度进行编写。从引导学生认识美德的"基本含义、历史演变、重要意义和具体要求"到引导学生在美德故事中找到榜样、产生共情，再到引导学生辨析美德两难问题，形成对美德的较为全面的理性认识和情感认同，最后落脚到实践体验，通过多形式的美德主题活动、实践活动及来自同学、老师、家长的反馈评价来印证美德的形成状况。保障学生多轮次参与从感性到理性、从理论到实践的"十美德"教育活动，使学生知得全、学得深、辨得明、行得笃。

　　本书的体例和内容随着学校"十美德"教育实践研究的不断开展得以不断深化，特别是依托重庆市教育教学改革课题和重庆市首批立德树人特色项目"普通中学'十美德'教育实践研究"，年年修改，编写质量年年有提升。

本书编写大致分为三个阶段。第一阶段（2014.08-2017.08）为横向厘清关系、形成基本结构阶段。学校成立"'十美德'教育"编写组，拟订《"十美德"教育编写说明》，厘清传统美德与道德、公德私德、社会主义核心价值观、中学生核心素养等的关系。每个美德以7个维度编写。每个美德一个组编写，十美德十个组，组长分别为巫正鸿、刘大川、左玲、尹建中、张国敬、张雪莲、刘君朝、毕波、廖学、王肇廷，另有28位老师参加编写。共有4册，分别作为初一、初二、高一、高二校本读物供全校初高中师生使用。

第二阶段（2017.09-2019.08）为纵向厘清演变、突出思辨阶段。在充分听取了一线教师意见与专家意见后，把"美德我知道"和"美德我做到"两部分合成一个版块，即"美德我知道"。"美德我知道"从内涵、演变、作用、要求4个方面进行阐述，以给学生一个完整的认识。另重视对思辨题的打磨增删，注意提问的角度与集中度，使之更有针对性、生活性、启发性、辩论性。通过纵向厘清演变和突出思辨，本书的特色得以进一步凸现。分为初高中2册。

第三阶段（2019.09-　）为以"双创"理念指导下修改而更具时代性和更具层次性阶段。编写人员集思广益，赋予每一美德新的时代内涵和现代表达方式。具体落实时，则为每一美德拟写"双创"清单。还动员学生参与修改，对学生进行"双创"知识与能力的培训。对每一美德的层次再次进行研究，主要体现在"美德我知道""美德故事我来讲""美德越辨越明""美德我践行"等上。还增加了"美德知识小检测"板块，全书形成一本。

2019年后，主要编写人员有刘大川、张福洪、吴平、廖万华、鲜小刚、王益乾等6人，其中，刘大川主要负责修改"礼、忠、学、志、信"前五章的内容，张福洪主要负责修改"孝、善、谦、勤、俭"后五章的内容。与前期相比，后期本书的体例和内容有了很大的变化，也得到了极大的优化。另外，美术教师邹吟雪老师利用休息时间，根据文中的美德故事，绘制了多幅精美的插图，使本书增色不少。

在实施"十美德"教育过程中，璧山中学部分奋战在德育一线的优秀班主任，如王薇、邓棋尹、刘泰兴、杨文琴、罗淞文、左玲、张潇尹、吴沅原、魏睿、彭亚玲、孙飞、李俊、孙小丽、王宏丽、文运涛、张萍、谢若冰、陈国家、苟开青、钟燕，依据此书精心设计了"十美德"系列主题班会。这些主题班会设计与《中学生"十美德"

教育》读本珠联璧合、相得益彰，从而丰富了初高中一体化"十美德"教育资源。

  本书凝聚着集体的智慧和汗水，体现了可贵的团队协作精神。吴平书记从 2012 年起，领衔项目研究，全面组织实施，从方案的拟订到读本的撰写修改，从氛围的营造到"十美德"教育分层分类的实施等，无不亲力亲为，从而保障了"十美德"教育实践研究持续、有序开展。廖万华校长 2019 年到校后，全力支持、统筹策划，积极推进"十美德"教育的研究。分管德育的鲜小刚副校长和王益乾主任事无巨细，真抓实干，也有效推进了"十美德"教育活动的深入开展，并全程指导读本的编写与出版进程。

  在"十美德"教育项目研究和本书编写过程中，我们得到了上级领导的关怀与鼓励，还得到了很多专家悉心指导。这些专家有：教育部基础教育课程教材研究所研究员、德育中心主任张广斌，原江苏省教育科学研究所所长成尚荣，中国教育科学研究院基础教育研究中心李继星教授，教育部西南基础教育课程研究中心主任宋乃庆教授，原重庆市教育科学研究院院长万明春教授，中国教育学会德育论专业委员会副理事长、海南师范大学教授易连云，重庆市教科院副院长万礼修，重庆市教科院教育政策研究所所长邓建中教授，重庆市教科院初教所所长康世刚，重庆市教科院德育研究所副所长杨昌义，重庆文理学院蔡宗模教授，重庆市教育学会学生生涯规划指导专委会秘书长汪红等。在此，我们一并向所有的编写者、指导者和支持者表示衷心的感谢和真诚的敬意。

  在编写本书的过程中，我们参阅了大量相关资料，所引述或借鉴的内容纷繁庞杂，有的地方一时难以注明作者和出处，敬请有关著述者谅解。另外，因水平有限，在校对审核中出现的错漏和不妥之处，敬请各位师生、家长和读者雅正！

2021 年 6 月 28 日于璧山中学